あきらめない

―大震災から立ち上がる、門馬道場の武道教育に学ぶ―

松下隆一 著

近代消防社

プロローグ

あなたは今までに、何かを〝あきらめた〟ことがありますか?

と、問われた時、いったい、どれだけの人が胸を張って「ありません」と答えられるだろう。大なり小なり、人間誰しもが、一度は何かを〝あきらめた〟経験を持っているのではないだろうか。

ダイエットをあきらめ、禁酒、禁煙をあきらめ、進学をあきらめ、就職をあきらめ、恋をあきらめ、仕事をあきらめ、家庭をあきらめ、夢をあきらめ、人生をあきらめ、最後には生きることさえあきらめてしまう。いや、今まさにこの時、何かをあきらめようとしている人もいるだろう。

「福島で極真空手の師範をやっている人が京都に来ているから会わせるよ」

七、八年も前のことになるだろうか。懇意にしている映画プロデューサーから連絡を受け、待ち合わせ場所の河原町丸太町近くのカフェに出向いた。

それが、門馬智幸という人(以下〝門馬師範〟と呼ぶ。)との出会いだった。何を話したのかは憶えていない。だが、門馬師範の眼だけは、今でもはっきりと憶えている。ギラギラしているのでもキラキラしているのでもないし、鋭くもつめたくもない、スッとさめたような、いや、一言で言うなら落ち着き払った光、色を持っている眼だった。

私は脚本家という職業柄、取材を通していろんな人と会って話す機会が多く、話の内容もさることながら、その人となりを見るように心がけているが、門馬師範のような眼を持った人間を他に知らない。その眼は、常に変わらないように感じられた。何事が起きても変わらない眼。この落ち着きはいったいどこからくるのだろう?


その後、福島に行った。門馬師範が代表をつとめる極真カラテ門馬道場の冬の合宿があるという。稽古の後、何百人という門下生の前で、その多くは子供であるが、門馬師範が話をした。

「あきらめたらそれで終わりだ」

要約すればたったそれだけの言葉だった。おそろしくシンプルな言葉だった。シンプルではあるが、底の知れない深さのある言葉だった。そこには何の気負いも衒いも飾り気もなかった。ごく自然に、これ以上噛み砕けないほどの易しい言葉を使い、門馬師範は語りかけていた。それを門下生たちは正座し、身じろぎ一つせず、整然と並んで耳を傾けている。

あ、そうなのか、と思った。腑に落ちるということはこういうことなのか。

元来私はへそ曲がりで陰険だから、人の話は疑ってかかる。誤解を承知で言えば、私の住む映画やテレビの業界は海千山千、風呂敷を広げるだけ広げて結局実現できなかったり、ろくでもないものをつくるという人が少なくない。多額の金がかかることもそうだが、耳目を集めるために一を十にして語る。早い話がハッタリだ。必要以上に自分を大きく見せたがる。できもしない夢を語る。言っていることと、やっていることが違う。いや、それが悪いというのではない。むしろそれが弱い人間の姿だともいえよう。

だが、門馬師範の言葉には、それが一切感じられなかった。嘘ではない、ほんまもんの世界を語っているようにひしひしと感じられた。心に、響く、というのであろうか。

何だろうこれは。

聞けば〝あきらめない心〟というのが、門馬道場の根幹、旗印で、門馬師範が道場を立ち上げた頃からの、変わらぬ、教えだという。

そんな時、先の映画プロデューサーから「門馬道場の本を書かないか」と話があった。私は脚本家であって、出版は素人同然ではあったが、以前に政治家のノンフィクションの本を書いたことや、何より門馬道場の魅力を探り、それを少しでも広めることになるならいいことだと思い、引き受けたのだった。

二〇一一年三月十一日の午後——。その時私は三日後に福島に入って門馬道場の取材をするはずだった。事務所で資料を整理しながら出張の準備をしていると、グラリグラリと、酒に酔ったような気持ちの悪い揺れがきて、長く続いた。

東日本大震災だった。門馬師範とは安否確認の伝言メールで連絡がついて、他の門下生の方々も無事だとわかり安堵したが、当然出版どころではなくなり、いったんこの企画は流れた。

震災後、私自身が無力感にとらわれた。せいぜい近場のスーパーやコンビニを回って援助物資をかき集めるくらいで、何の役にも立たない自分が嫌になり落ち込んだ。脚本家なんてこんな時、ほんまに役立たずやなあと……。

だが、状況を把握するためにチェックしていた門馬道場の指導員である、岩崎菜穂子さんのブログを読んでいる時、門馬師範の言葉（三月十六日付けの道場のブログに書かれていた）を知って、心が奮い立つような思いになった。

もう地震なんて全然怖くない。
今度揺れたら、
俺が地べたに寝そべって抑えてやる。

原発なんてまったく怖くない。
全部爆発したら、
俺が放射能を全部吸ってやる。

だから門馬道場のみんな、
元気を出そう。

今この言葉を聞いて、アホちゃうかと思う方もおられるだろう。だがその時私は何の疑いもなく、ああ門馬師範のような人間がいるかぎり、福島は大丈夫だと感じ、強く胸をうたれた。それは何の根拠もないことだったが、私は、門馬師範という人の存在、言葉に救われた思いだった。

日頃は淡々としている、虚飾のない門馬師範が、ここまでの言葉を吐いたというのは、よほど周りの動揺が大きいのだろうと感じたし、同時に、上に立つ人間としての誠意、真心を感じて励まされたのである。

尤も、私はこの言葉ですっかりエキセントリックになってしまい、こんな人がいるんだと幾人かの仲間にメールして、事情のわからない彼らに、少し引かれてしまったのはご愛嬌ではあったが。

震災で中断させられた取材が四年後にようやく再開された時、私のコンディションは最悪の状態であった。脚本家というのは映画やドラマのシナリオを書くことを生業としているが、無名の悲哀というか、劣悪な仕事環境、人間関係、しがらみの中で、ヘトヘトに疲れ切って、心身ともに摩滅し、枯渇してゆくばかりの状態だった。不誠実な報酬の支払いや仕事の進め方、著作権の侵害行為、監督自身のトラブルによる公開延期など、そうしたことが続いて、人とかかわることにうんざりとなっていた。

結局は自分自身の問題だから、自分が悪いのだということで気持ちをおさめてはみたものの、あらためて冷静に周囲を見渡してみると、私の業界に限らず、今の世の中には、いかに自分自身さえよければいいという人、自身の名をあげることに躍起になっている人たちが多いかということであった。いや、その人たちを悪いとはいわない。私だってある意味そのうちの一人だろう。それは現代社会においてはごくふつうの人々の感覚、本音であるのかもしれない。

自分の名をあげ、地位を手に入れ、人よりも金を稼ぎたい。金の有無によって〝勝ち組〟〝負け組〟というレッテルを貼られる。今はそういう時代だ。勝ち組になるためには数の多い方になびくし、力のある者に媚びも売る。

他方、自分さえ苦しまずに生きてゆければそれでいいと思っているし、そのためには平気で嘘をつく。それが現実であるし、大人の世渡りというものだとうそぶく。

理想と現実との、ホンネとタテマエとの乖離。テレビとネットの世界を比べてみれば一目瞭然である。テレビではきれいごとを言い募り、ネットではその反動のような悪意や憎しみに満ちた言葉が吐き捨てられている。

だがそんな世界というものは、本当は、真実でも本物でも、正義でも理想でもない。虚構の人生であり、真の意味においての失敗者であり、挫折者であり、可哀想な人たちの世界だ。

本当に生きている者は、己が正しいと一旦確信を持てば、自分にも他者にも嘘をつく必要はないし、何が起きようが些かもぶれないし、ゆるがないし動じない。どうすることが最善の方法なのかを常に考え、他者の心に思いを致し、行動を起こす。

それが人間本来の美しい姿のはずだ。

私は門馬師範や門馬道場の門下生の方々とふれあうたび、それを確かに感じるのである。そもそもそんじょそこいらにあるような空手道場の話であれば書こうとは思わないし、そんなものを書いても誰の心にも響かないだろう。

門馬道場は極真空手を通して、武道を実践する場である。

武道を実践するということは、ただ単に強さだけを手に入れることではない。

実力と人間性をかねそなえるという、自己鍛錬、自己研鑽の世界だ。

だが、門馬道場ではそれだけにとどまらない。

厳しい稽古に耐え、実力と優れた人間性をかねそなえた武道家となり、世の中のために行動を起こし、弱い者、虐げられた者に手を差し延べ、いかに他者のために生きるかという、地位も名誉も金も全く無縁の〝徳〟のための、武道の実践なのである。

門馬道場のような空手道場は他には殆どないと言い切ってもいいし、反面、そうした道場が世の中に少しでも増えれば、劣化する教育環境や地域社会も良い方向に変えられるかもしれない、いや、きっと変わるという確信を持たせてくれる。

ここまで読まれて、既に「嘘くせェな」と思われた人もあるかもしれない。だが私はきれいごとを書くつもりもないし、大嫌いだし、啓蒙のために書くのでもない。もちろん門馬道場の客寄せのための本を書くつもりもさらさらない。

ただ福島という土地で、ひたむきに厳しい稽古に打ち込み、武の道を求める門馬師範と門馬道場に集う人々の、押忍の精神、清々しくも美しい人間の佇まい、人間が人間であるための姿というものは、本来こうなんじゃないかということ、そして何より、〝あきらめない心〟の素晴らしさを、より多くの人々に知らしめ、伝えたくて筆を取るものである。

目次

第五章　向き合う

第六章　子供たちとともに

第七章　ささえあう

第一章　空手バカ一代

門馬師範という人

空手の師範と聞いて、皆さんはどんなイメージを抱くだろう。まあ多少漫画チックなことを書けば、髭をたくわえて竹刀を持ち、稽古する弟子たちに対して檄を飛ばしながら、ビシバシと鍛え上げるといったところだろうか。そして、瓦を何枚も割って、軽々にこちらからものを言い出せないような威圧感を漂わせている。いったいこの人は何を食って生きているんだろうといった、よくも悪くも近寄り難い存在というやつだ。

早い話がただ単に〝強い人〟というイメージが殆どではないだろうか。それ以上でもそれ以下でもない。

かつてK—1がもてはやされたように、近頃では武道もスポーツや格闘技の一つのようにとらえられていて、実際、強いかどうかだけで人物の優劣をつけるような、そんな風潮にあると思う。

私自身は根っからの文系人間というわけでもなく、中学は陸上、高校の時は柔道をやっていた。空手にも興味を持っていたし、プロレスだってテレビでよく観ていた。今でもボクシングやプロレスなどのテレビ中継があれば見入ってしまうほどだ。

だが、私はそういう格闘技系の人たちが苦手である。仕事上で、幾人かと話をしたこと道場の職員で指導員の岩崎菜穂子さんと結婚する際、初めて師範と会った時の言葉を鮮明に憶えている。

「福島ではマクドナルドのMは、門馬道場のMだ」と、師範が言ったというのである。

ガチガチになっている山名さんの緊張をほぐすためだったのだろう。尤も、師範は「そんなこと言ったっけ？」ととぼけてはいるが、ジョークが面白いかどうかはともかく、そうした気遣いをする人なのである。

ああそうかと思う。自分よりも相手を思いやる気持ちがあるから、こちらも安心して話ができるし、対等に会話ができるのである。つまり、一般に認識されているような空手の師範らしからぬ師範ということにもなるだろうが、それがかえって私の興味をそそった。

ふだんは淡々としていてクールだが、根っこは熱く、情に厚い人である。

私の取材中、オランダから来られた世界総極真のルール師範、ケース師範、ウェスリー先生が門馬道場に滞在していた。観光などは殆どせず、時間があれば稽古、稽古、稽古である。「空手バカだよ」と門馬師範は笑いながら言ったが、そう言う師範も空手バカやないかと、私は心の中で突っ込んでいた。

それはともかく、その方々と夕飯をともにした時、ルール師範が熱く語り出したことがあった。門馬師範と、門馬道場の門下生たちの、空手に取り組む姿勢が、いかに素晴らしいかを、滔々と熱く語るのである。ふと師範を見れば、通訳を介して伝えられる言葉に泣いて、おしぼりで涙を拭っていた。

大スターの名の通りの輝きを見せ、オーラ満載で周囲の空気が一変したという。己の力を百パーセント出さなければならない場所を、市川雷蔵という俳優はよくわかっていたのだ。

門馬師範もそういうオンオフの切り替えが見事にできる人なのだろう。それは師範だけでなく、門下生の指導員の方々にもいえることである。

また、師範は気遣いの人だ。強さゆえの優しさが感じられる。何でもない話だが、例えば取材中にもこんなことがあった。師範にインタビューするためにカフェに入った。ちょうどお昼時だったので昼食も食べることになったのだが、その際、私がホテルで食べた朝食の時間を確かめて、「まだお腹すいてないですか」とさりげなく訊かれる。飲む場でも、煙草を吸う人があれば、自分も吸って（ふだんは吸わないのに）吸いやすい環境をつくる。

同じ極真空手でも別の派閥に所属していた指導員、山名慎一郎さんが、NPO法人極真カラテ門馬

門馬師範の上段回し蹴り

しかも何百人も門下生を抱えているというのに、専任ではなく、矢吹町という所で、土木設計会社（株式会社　大道技術設計　代表取締役）を経営しているのだという。その時点で単なる空手バカではないんだと思い、興味を持った。

いや、何より、気さくだ。気さくすぎるくらい気さくな人だ。極真空手の師範だからといって、構えたところとか、もちろん偉ぶることもない。いたって自然体、一見ふつうの人なのだ。会ったその日から、「マッチャン」と私を呼び、ズケズケとものを言うかと思えば、時に繊細な言葉を発し、オチャメなジョークを言う。

門馬師範

ところがこの門馬師範がひとたび道着を着て道場に入ると空気が一変する。それを私ははっきりと肌で感じて、衝撃的ですらあった。

オーラという言葉がある。芸能人などを直に見た時に、「すごいオーラが出てたよ」などとよく言うが、私はそれをまったく信じない。自分を大きく見せようとするヤクザもそうだが、それは殆どの場合、虚勢であるか、見る側の思い込みだからだ。

その昔、市川雷蔵という時代劇の大スターがいた。だが、同じ撮影現場で働くスタッフですら、ふだん道ですれ違っても全くわからないような人だった。眼鏡をかけて背広を着ていると、銀行員のようだった。ところが時代劇の扮装をして、セットに入ったとたん、もあったが、肌が合わなかった。言動が粗暴だとか悪いとかというのではない。どこか自分を誇示するような、俺たちは特別なことをやっているんだという、そんなにおいを醸し出していて、なじめなかった。

格闘技だけではない。スポーツをストイックに打ち込んでいる人の持つ雰囲気も好きではなかった。例えば陸上選手の放つ個人臭というか、どこか傲慢な質というものには辟易とするのである。

端的に言うと人種が違うとまで言い切ってもいい。皆どこか、自分に酔い、自分を基準に思考し、自分の強さだけを求めている。もちろんそれを否定するつもりはない。競技者とはそういうものであり、でなければ良い成績も残せない一面もあるだろう。

ただ、肉体的にも精神的にも凡人たる私には何ら興味を惹かれないし、交わりを持ったところで、私には影響力を持たないだろうという、ただそれだけのことだった。

だから、冒頭でも書いたように、福島で極真空手の師範をやっている人を会わせると言われた時、東京だろうが福島だろうが、門弟が何百人だろうが、空手の師範だというだけで、ふーん、そうですかといった印象でしかなかった。少なくとも積極的にかかわろうなんてことは少しも思っていなかったし、当初は、日頃懇意にしているプロデューサーが会わないかというので、では会いましょうかという程度のものだった。

だが、門馬智幸という空手の師範と会った時、〈あ、この人は違うな〉と感じた。プロローグで書いた眼もそうだが、物腰、佇まいというものが、前述した格闘技系の人のそれではないと思ったのである。

思ったんだ」

それがきっかけだったが、断っておくと、門馬師範の少年時代はヤンチャとは無縁の、もの静かで、どちらかというとおとなしく、優しい子だった。通信簿でももっと積極性が欲しいと評価されるほどだった。ただ、未だに門馬師範自身が不思議だと首を傾げるのは、小学四年生の一学期から六年生の三学期まで学級委員長に選ばれ続けていたことだという。

積極性に乏しく、成績は中の上だし、スポーツも足が速いくらいで、特別に何かがずば抜けてできるわけでもない。それなのにクラスメートから選ばれ続けたのである。それは今でも謎だと言って門馬師範は笑う。

ともあれ、ケンカの際の屈辱によって強くなりたいと思った門馬少年は、漫画雑誌の宣伝広告に載っていた空手の通信講座に申し込み、一心不乱に空手の稽古に打ち込んだ、と書きたいところだが、すぐにやめてしまったという。

「当時は何をやっても続かない人間だったんで、何をやってもダメで、通信講座も飽きたんだよね。たぶん一ヶ月くらいしかもたなかった。ただ空手というものだけは強烈に印象に残ったんです」

〝あきらめない心〟を唱え続けている師範が、いきなりの挫折というのもどういうことかと思ったが、本格的な空手の出会いはこの後に訪れる。

「強肩だったから、高校でも野球部に入部して野球に明け暮れていたんだけど、ある日部活さぼって、たまたま早く家に帰ったらテレビで〝空手バカ一代〟のアニメをやってい年（昭和三十一年）の羽鳥ダム完成まで待たなければならなかったのである。星吉右衛門氏の構想から実に七十年もかかって実現されたのだった。

その開拓民の一人として矢吹町に移り住んだのが、門馬師範の祖父、栄さんだったのである。

それを思うと、この矢吹町で〝あきらめない心〟の旗印を掲げる門馬道場があるというのも因縁めいていて面白い。


さて、門馬師範と空手との出会いだが、中学の時のケンカがきっかけだった。

「空手との出会いは中学一年生の時でした。小学校の時、二度ほど取っ組み合いのケンカをして勝っていて、少し自信があったんですが、中学になって取っ組み合いのケンカになった時に、周りから引き止められて泣いちゃったんだよね。それが情けなくて、どうにもならない自分がいて、その時初めて強くなりたいと

若き日の門馬師範の上段回し蹴り

て、それを見てはまっちゃったんだ」

空手バカ一代というのは一九七〇年代に少年マガジンで連載され、アニメにもなった空手漫画である。今でこそ知る人は限られているかもしれないが、当時は大人から子供まで男なら一度は熱狂した漫画であった。

主人公のモデルは、極真空手の創始者である大山倍達氏である。極真空手は〝ケンカ空手〟とも呼ばれ、その特徴はフルコンタクト、つまり直接打撃制による空手であり、それまでの伝統派と呼ばれる寸止めの空手道とは一線を画すものだった。

だが、孤高ともいえる大山倍達氏の凄まじい修行、そして世界をまたにかけてのあらゆる格闘技との死闘、果ては牛とまでも闘い、ビール瓶を手刀で真っ二つにするその手は、〝ゴッド・ハンド〟と呼ばれ、その強さ、カッコよさに若者たちは熱狂し、憧れた。『空手バカ一代』に端を発した極真空手は瞬く間に日本中で空前の空手ブームを巻き起こし、実録映画『地上最強のカラテ』も大ヒットを飛ばした。

今となっては恥ずかしい話だが、私も一時期極真空手の魅力にはまった一人であり、大山倍達氏の著書を買ってきて貪り読み、自分の部屋で突きや蹴り、型の稽古の真似事をやり、はては自宅前の山にのぼって、大木を突いて、蹴っていた。お笑いではあるが、田舎者の私に対してすら、それだけの影響力を持つ武道だったのである。

門馬少年もまた、その強さ、カッコよさに憧れ、はまってしまい、本格的に空手道場に入門してその第一歩を踏み出したのだが、幸運だったのは、良き師匠に恵まれたことであった。

師というもの

人生において、何かを為し遂げるという時に、先生、師匠というものに恵まれるかどうかは、想像以上に大きいことだと、齢も五十を過ぎてみるとしみじみ感じる。特に最初に出会う師匠というのは、その後の人生を左右するほどの影響力があると思うのである。

若くして、いくらすごい才能を秘めていても、自分自身の力だけで、それを引き出し、伸ばそうとするには限界がある。お手本というもの、正しい導きというものがないと、その才能は折れてしまったり、ネジ曲がったりして、成就しないものだ。ごくたまに、著名なボクサーや格闘家が道を外れて、犯罪を犯したりするのは、絶対的に尊敬する、畏怖する師と出会わなかったことも大きな一因であろう。

強ければいいという格闘技はまだしも、武の道、武道を極めようとする者にとっては、それは致命的なことであるといってもいい。

武道においては心・技・体といわれるように、三位一体とならなければ、真の武道家とはいえない。そういう意味では、どのような師に学ぶのかは、よくよく考えねばならぬところである。

良き師に恵まれない、師を持たないということは、人生における一つの不幸と言い切ってもよい。

だが、良き師との巡り会いというものは、意外に運不運が左右するものだと思う。必ずしもその道で名を為した師を求めたからといって、それがその人にとって良き師であるとは限らない。プロ野球の世界においても、意外に名選手が名監督になれないということがあるのが好例であろう。

一つ言えることは、良き師というのは、己が求めるその世界において、挫折を味わい、筆舌に尽くし難い苦悩を味わった人間ではないか、そしてその挫折を強靱な精神力、努力によって乗り越えた人間ではないか、ということである。それは物理的な強さとは別の次元にあるのだと思う。

弟子が師の力を必要とするのは、困難な壁にぶちあたった危機的状況の時である。その時に、師は弟子に何が言えるのか、何を見せることができるのか、どう行動するのか、それに尽きると思う。

虐げられ、挫折を知る師であれば、自らの経験をもとに、本当の知恵を弟子に授け、行動を起こすことができるだろう。

良き師との巡り会いが運不運で決まるとはいえ、もう少し親切に言うとすれば、もしあなたが今、何かの道に入って師を求めているのだとすれば、まずはその人の行い、言葉を知ることだ。

その人が何を為してきたかはさておき、その人の立ち居振る舞いというものを、冷静に見つめることだ。

そしてそれがハッタリではなく、物事の真理であれば必ずあなたの心をゆさぶり、響くだろう。

明鏡止水の心をもって、その人を見つめること、それが大事だ。つまり、あなた自身の眼が濁っていれば、必然的に師をも見誤るということであり、したがって道を極めることも困難となるのである。

最初の師

門馬師範は良き師に恵まれたと前述したが、その関係性を知るにつれ、自分で引き寄せたというか、師の方からも親しみを込めて歩み寄って来るような、そんな感じさえする。もちろん師と弟子という確固たる一線はあるのだが、その根底に流れているのは、冷徹さではなく、そこはかとない親和性、親愛の情である。人が人を思いやる気持ちとでもいうのであろうか、厳しさの中にもそれが感じられる。

門馬師範が師と呼ぶ人は、二人いる。

まず最初に出会った師は、英語塾を経営する傍ら、空手を教えていたという、飛田健という人であった。飛田先生の道場は、フルコンタクト（直接打撃制）ではあったが、極真空手ではなかった。門馬師範が空手バカ一代に憧れ、空手を始めてようと思い立ち、クラスメートから噂を聞いて探し当てたのがたまたまその道場だったのである。

門馬師範が飛田先生と最初に出会った時、その四角い顔全部が筋肉に見えたという。写真を見れば、確かに坊主頭のいかつい感じの顔全部が、筋肉のようにも見える。失礼ながら英語を教える先生にはちょっと見えない。

その飛田先生のもとで空手を始めた門馬師範だったが、驚くべきことに、道場というものがなかった。いや、正確に言うとあるにはあった。鏡石町にある公園が飛田先生の道場だった。つまり、青空道場だったというわけである。

週四回の稽古で、しかも四時間ずつ、雨が降ろうが風が吹こうが、雪が降って積もろうが休みの日はなかった。裸足だったのでケガはするし、拳立て（拳をつくって腕立て伏せをする）をすれば砂が拳にめりこんだ。

ただ、公園ということで、木の枝を蹴ったり、ひまわりを蹴ったり、落ちて来る雪に突きや蹴りを入れたり、滑り台で腹筋をやり、ブランコを捌き、鉄棒を前後に跳んだ。後に思えばそれがとても理にかなっていたと門馬師範は話してくれた。

四時間もやれば稽古中の脱落者も多かった

飛田先生

が、最後に黙想した時には、本当に終わったという充実感があったという。「楽しかったですねえ」と、眼を細めて門馬師範は言うが、それでもきつい稽古に根をあげ、何度もやめようと思って稽古をさぼったことがあったという。それはそうだろう。こうやって書くのは簡単だが、週四回の四時間というのはとてつもない稽古量に感じてしまう。まだ十六歳だった門馬師範には相当つらく、こたえたであろう。

門馬師範の通った飛田道場は飛田先生が英語の先生だけあって、インテリの門下生が多かった。福島の高校を出ると東京の大学に進学し、その際、極真空手の支部や大学の同好会に入門する者が何人もあったという。それで、その門下生たちが冬休みや夏休みに飛田道場に帰って来て、極真空手を門馬師範にも教えてくれたというのだった。

ふつうの空手道場なら、他流派の空手を持ち込んで教えるというのはあり得ない話だったが、もともと極真空手が好きだったとはいえ、それほど飛田先生という人はオープンというかリベラルな人間だったのだろう。しかも月謝は五百円というもので、本当に空手が好きで教えているといった感じであったという。

「まあすごい先生でしたよ。鉄下駄履いて買い物に行ったり。社会性がないといえばなかったかな。免許証はないし自宅の電話番号も知らない。車で迎えに行くのに国道四号線に出て待っていて下さいってつったって、家の脇の四号線がわからない。年賀状出すのに自分の住所もわからないっていうんだから。でも英語は政治や経済の同時通訳士。当時東北で六人くらいしかいないって聞きました。インテリでしたよ。でもいろいろ事業やって失敗して」

自宅の電話番号や住所を知らないというのは、一般的な社会人の常識からいえば、俄に信じ難い気もするが、早い話が飛田先生はかなりブッ飛んだ先生であるということだろう。ふつうではない人だ。だがそんな先生と最初に出会ったからこそ、今の門馬師範があり、門馬道場があるのではないかと思う。

それは飛田先生の人のつきあい方において、如実にあらわれているといってもいい。

飛田先生は早稲田大学を卒業して新聞社に入ったが、そこを辞めてアメリカに渡った。それから日本に帰って来て北海道で牧場を始めたが、雇ったのが荒くれどもで、その後全国に散らばってヤクザの組織のトップになる者とか、いわゆるアウトロー揃いだったらしい。もちろん飛田先生は堅気であったが、そういった社会からあぶれたような人たちの面倒をよくみて、後々まで慕われたという。

門馬師範は飛田先生から「トモ、トモ」と呼ばれてかわいがられ、二十歳の頃からスナックに連れて行かれ横に座らされ、前述のアウトローの方々も同席する中で、様々な社会勉強をしたのだった。

「そういった場面にいつもいたので、飛田先生の世界って、すごい世界だなと思ってました。男の生き方みたいなものを学びましたね」

男の生き方とは、嘘をつかないで、義というもの大切にし、筋を通すということである。それがわかりあえるなら、相手が堅気だろうがヤクザだろうが飛田先生にとっては関係がなかったのだろう。その差別感のなさ、本質だけを見極める姿勢を、若き日の門馬師範は学び取ったのである。

松田聖子が何で好きか、ちゃんと語れる人間になれ

もちろん、空手においても、飛田先生は誰よりも強かった。突いても蹴っても軽く受けられ、油断するとつかまれて投げ飛ばされた。そんな先生を、門下生のすべてが尊敬し、慕っていた。だから極真の黒帯をとった先輩でさえ、「飛田先生の弟子だ」と言って、公園にやって来るのだった。

そんな人であったから、その言葉にも説得力があったという。

門馬師範が飛田先生に転職の相談をした時のことだった。飛田先生は、それなら自分の知り合いが材木屋をやっているから紹介すると言ってくれたのだが、若き日の師範は、材木屋は嫌だと苦笑まじりに断った。するとメチャクチャ怒られたのだそうである。

「お前に材木屋を笑う資格があるかッ」と言われて。

飛田先生はおそらく、門馬青年に対し、その世界の何たるかも知らないでダメだと決めつけるその気持ちを戒めたのだろう。様々な職を経験してきた飛田先生にとって、空手を知らない者が空手をバカにするのと同じで、本当のことも知らないくせに良し悪しを語る者が許せなかったのだ。

また当時は松田聖子が流行っていた頃で、聖子ちゃんが好きだという門馬師範に対し、飛田先生はこう言ったそうである。

「トモお前な、松田聖子が何で好きかがそれをちゃんと語れる人間になれ。口数の多い男は信用できないけど、松田聖子のどこがいいかをちゃんと語れる人間じゃ無けりゃダメだ」と。

飛田先生は空手についてもこう言っていたという。

「理論武装するのはダメだ。教える時も口数が多い奴ほど実はできていない。できないから言葉で何とか説明しようとする。やってみせればいいんだ。できない奴ほど説明したがる」

本当に松田聖子が好きで理解している人間ならば、おそらく短い言葉でズバッと、ここが魅力なんだと核心を突く。それと同じで、空手を指導するのも短い言葉で核心を突きながらやってみせるのがいいというのである。

つまり、できる人間というのは本質がわかっているし、本質がわかっている人間はそれができるということなのだろう。

門馬道場の原点

「飛田先生の道場はみんな先輩後輩が仲良くて楽しい感じでね、稽古が終わっても一時間も二時間も立ち話をしているような感じでした。稽古では飛田先生からとにかくほめてもらいました。〈お前の蹴りはいいねえ〉って。ほめてもらえるのがうれしくて頑張ったんだね」

先輩後輩の仲がいいというのは、今の門馬道場にもいえることである。心を許し合っているというか、その根底には信頼しあっている安心感が感じられる。

門馬師範は、稽古が終わると飛田先生によくスナックへと連れて行ってもらったという。深夜の二時、三時まで飲んで、「トモ唄え」と言われてカラオケで唄って、「お前の歌はいいなあ」とほめられた。

その飛田先生が体調を崩し、入院した際、師範ら門下生たちが見舞いに行くと、病室にはおらず、屋上で砂袋を両手に持って鍛錬していたという。

飛田先生は肝臓がんにおかされていたのだった。末期の状態になり、自宅で療養している頃、師範らが再度見舞いに行くと、無理をしてベッドから起き上がり、奥さんに対し「お茶を出せ」「お菓子を出せ」と、気遣ってくれたことが忘れられないと師範は語る。

飛田先生は、師範が二十五歳の時、四十七歳の若さで亡くなってしまった。

「そんときは悲しかったですねえ……先生の遺言がね、『俺の葬式はみんなでカラオケやって楽しくやってくれ』って……奥さんが、主人（飛田先生）はトモちゃんに唄って欲しいって言ってたって……泣きながら唄いましたよ。葬式後の三日七日の法要で、どんちゃん騒ぎして……」

後年、『月刊カラテ』に門馬師範が執筆した飛田先生の記事が掲載された時、飛田先生の奥様、富江さんが門馬師範宛に書いた御礼の手紙が残っている。その一部を紹介したい。

『時々、テレビ等で、智幸君の活躍している姿は拝見していました。しかし、真の空手家として大成された事を知り、ほんとうに感激しております。高校時代から、空手が好きで、天性の素質を持ち、そして努力家だったその姿は、今でも心の奥に残っています。空手を通じ、青少年育成の為に今日まで活躍されて来た事は、ほんとうにすばらしいの一言です。きっと飛田も喜んでいると思います。』

〝智幸君〟という呼び方に、そこはかとない、門馬師範に対する愛情を感じる。おそらく、飛田先生はことあるごとに、富江さんに、愛弟子である門馬師範のことを語っていたのだろう。志半ばで亡くなった飛田先生は無念だったと思うが、富江さんの手紙を読むと、その遺志が門馬師範に引き継がれ、今も生きていることがわかる。

晩年の飛田先生から言われた忘れられない言葉が門馬師範にはある。

『五年、十年は誰でも続けられる。二十年、三十年やって、ようやく本物だ。あきらめないで続けていれば、必ず夢はかなう』

この飛田先生の教えに、今日の門馬道場の原点がある。

師匠が弟子とともに厳しい稽古をして、汗を流し、自らがやってみせて教える。厳しい稽古を積み、苦しさやつらさを共有することで、強い連帯感、信頼関係を築き上げる。

そして何より、門馬師範が飛田先生の空手を通して、生き方を学んだということが、今の門馬道場の礎になっているのだろう。

第二の入門

空手バカ一代に大きな影響を受けながら、門馬師範がまず最初に入門したのは飛田道場であって、極真空手に入門したというわけではなかった。近くに極真空手の道場がなかったというのがその理由だが、師範自身にとっては、結果的にそれがよかったのである。出発点が飛田道場でなければ、今日ある門馬道場の形はずいぶん違ったものになっていたかもしれない。

門馬師範が本格的に極真空手の門を叩いたのは十八歳の時だった。飛田先生の許しを得て、郡山にある極真空手の道場に通い始めるのである。

だがそこは飛田道場とは一八〇度違うといっていいほど、殺伐とした雰囲気に

若き日の門馬師範（右）

満ちていた。誰も口をきかず、大会そのものの数が少なかったから、頑張れる目標もなかった。しょっちゅう人がやめて、入れ替わり立ち替わりして出入りが激しく、親しくなる者もない。当然、稽古には行きたくなくなる。休んでは奮い立ち、また休んでは奮い立ち、時には三ヶ月くらい稽古に行かないこともあったという。

「嫌だったですよ。どうやったら組手やらないですむか、どうやったら無事に帰って来れるかっていう毎日でした。飛田先生のところでは、技をちゃんとやって、お互いを伸ばし合おうって雰囲気があったんだけど、その道場は生き残るのに必死というか、負けたらケガして通えなくなるという感じでした。メチャクチャやられるんですよ。親しくもないから試合と一緒で遠慮なくボコボコにされる。ぶちのめしてやろうって感じで。飛田先生のところは倒れたら介抱してくれましたけど、そこはそのままでしたからね」

だが、そんな状態であっても稽古を続けた門馬師範への期待が大きかったのだろう。そのうち須賀川の道場をもう一人の指導者とともに任され、極真空手を教えるようになる。ところが、その指導者と全く考え方があわず、その極真の道場には行かないということもあったのだった。

やがて門馬師範は二十七歳で土木設計会社を立ち上げて独立する。多忙な中でも何とか空手の指導をこなしていたのだが、二十八、九歳の頃、とうとう道着に袖を通すことがなくなってしまうのだった。その後、立ち上げた会社を軌道にのせる三十四歳までの間、空手とは全く無縁の生活を送ったという。

余談だが、門馬師範が会社を立ち上げる時に誘って入社した社員らは、当時一緒にバンドを組んでいたメンバーたちが殆どだという。「会社やるから来てよ」と言って、「うん、わかった」みたいなノリだった。みんなそれぞれ勤めがあっての話である。それまで休日には門馬師範の仕事を手伝ってくれていたというが、それにしてもおそるべし吸引力である。

さてその後、門馬師範は前述した極真空手の郡山の道場の師範から、戻って来てくれと再三にわたって請われ、少しずつ指導者として教え始めるのだが、道場の方針や他の指導者と考え方が合わずに悩んでしまう。

「今の門馬道場の黒帯と違って自ら稽古をしないいんですよ。稽古はしないいんだけど教える。威張り散らして後輩を奴隷のように使っていましたね。我々黒帯は率先垂範でないといけないいんじゃないいかと思いました」

当時、門馬師範は師範代という立場にあり、これではダメだと思いを強くし、師範や他の指導員とともに道場改革をしようとするのだがうまくいかない。そんな時、救いの手を差し延べてくれたのが、極真会館岩手支部長、小野寺勝美師範だった。後に飛田先生と並んで第二の師と仰ぐこととなる師範である。

第二の師

小野寺師範は大山倍達総裁より正式に岩手県支部長として任命された師範で、本来ならば門馬師範が口もきけないほどの立場の師範であった。大会の来賓席などでも眉間にシワを寄せ、股を開いて座り、扇をパタパタやりながら「ウー」と唸るようにしていたといい、近寄り難い存在であったという。

門馬師範が小野寺師範と親しく話すようになったのは、全日本大会の祝勝会での席上、門馬師範が演武をした時、型を見た小野寺師範が気に入ったことがきっかけだった。その後は一緒にカラオケに行くなど親しい付き合いとなり、飛田先生と同じく「トモ、トモ」とかわいがってもらうようになったのだった。

門馬師範が道場改革のことで悩んでいる時期だった。小野寺師範はその苦渋を察し、いろいろとアドバイスをくれるようになった。だが、道場改革は思うようにいかず、詳細には書かないが、そのプロセスは

小野寺師範と

苦渋と屈辱、波乱に満ちたものだった。

道場運営というものは、ただ単に空手を教えて伝えていけばいいという、我々素人が思うイメージとは違い、はるかに複雑である。道場としての理念、指導者の思い、門下生たちの思いというものが一致をみない時、人間同士の不信感、摩擦が起きる。その根本的理念の齟齬というものは、ボタンのかけ違いと同じで、どこまでいってもピッタリと一致することはない。時にそれを強引に一致させるために、上下関係の権力を行使することさえある。それに耐え切れなくなれば辞めるという選択しかないだろう。

門馬師範も悩んだ末に、極真を辞め、門馬道場としてやっていこうと考えたことがあった。その時、小野寺師範は岩手から矢吹の道場に駆けつけて来てくれた。だが会えば門馬師範は決心がゆらぐと考え、会わなかった。ところが小野寺師範はその後、矢吹町で三日間も待ち続けてくれたのである。根負けした門馬師範は、三日目に会った。結果、小野寺師範から説得され、最終的には極真を離れることを思いとどまり、八百数十人の門下生たちを抱える、今日の極真空手門馬道場につながってゆくのである。

また、門馬師範は小野寺師範と交流する中で、極真会館大石道場（本部は静岡）の大石代悟師範（最高師範）との交流も生まれた。大石師範は極真空手の全盛期、トップクラスの選手として全国に名を知られた空手家だった。小柄ながら繰り出す蹴り技の切れ味は鋭く、〝妖刀村正〟との異名をとり、大山倍達総裁をして「足技の天才」と言わしめた人である。

小野寺師範は、師弟関係には厳しい人だった。門馬師範が直弟子たちとの垣根がなさすぎるのを案じて、注意されたことを、指導員の岩崎菜穂子さんは鮮明に憶えている。

「以前小野寺師範が門馬道場の合宿にいらっしゃった時に、門馬師範に、〈お前はもっと師範らしく堂々としていろ〉と言われたんです。例えば〈門下生と一緒に風呂なんか入るな。師範が入った後にみんなが入るもんだろ〉とか。もともと門馬師範は〈そら風呂行くぞー〉って、えらぶるところがなかったんで。けじめをちゃんとつけろと言われたんです。

とにかく〈師範の手を使わせるな〉って。それを最初門馬師範は嫌がっていたんですね。でも〈お前（菜穂子さん）がそれをちゃんとしなかったら、十年後二十年後の門馬道場は、よく言えば仲良しだけども、悪く言えば境目のない道場になってしまうぞ〉と言われたことがあったんです。〈例え門馬が嫌だと言ってもそういうことはお前がちゃんとしなきゃいけない〉って……それが今のけじめのある門馬道場を作り上げたんだと思います。最初のままなら仲良し小好しのままで終わっていたかもしれません」

厳しい師弟関係、上下関係というものは、何も師や先輩をえらく見せたり、楽をさせるためにあるのではない。師や先輩を敬い、畏怖し、気遣い、思いやるという、人間性を養う上での大切な気持ちを育むためなのである。

わがままな人でもあった。ある日突然門馬師範のもとに電話がかかってきて、すぐにこっち（岩手）に来てくれとか、そっち（福島）に行くからと言われる。門馬師範は経営者でもあるので、多忙な仕事の都合をつけてスケジュールを調整するのが大変だったが、空手はノーという言葉のない、押忍（イエス）の世界である。何とか対応していたが、どうにもならない時は、わざと小野寺師範からの電話に出ないこともあった。

ある日、やはり突然「トモ、明日岩手に遊びに来い。温泉に行こう」と呼び出され、門馬師範は正直、遊んでいる場合じゃないと憤慨しながらも岩手に行った。小野寺師範は門馬師範を温泉に連れて行き、飲めや食えやの歓迎をし、朝まで語り合ったが、門馬師範の心の中は、仕事や道場のことが気がかりで、もう勘弁して欲しいと思っていた。

ところがいざ別れる時になり、固く握手を交わし、「トモありがとうな。お前も忙しいのに都合つけて来てくれて。また一緒に話そうな」と小野寺師範に言われると、それまで振り回されたことなどケロリと忘れて、門馬師範は〈来てよかったなあ〉と思ったという。

そんな門馬師範でも一度だけ、小野寺師範にノーと言ったことがあった。苦労して組んだスケジュールを小野寺師範に白紙にされ、違う日に来いということになって門馬師範は電話で「そんな急に無理です」と言ったのである。あり得ないことだった。その翌日、門馬師範はやはり押忍の精神で耐え忍ぶべきだったと反省し、感情的な言葉を投げかけたことに謝りのファックスを入れた。それに対して小野寺師範もファックスを返している。

『電話での件や、その中でのやりとりに関しては正直頭にきたが、俺はいつまでも引きずったりしない。それにしても予定を変更した事にたいしては悪かったな。平謝りする』

という出だしで始まる文面は、小野寺師範の門馬師範を気遣い、思いやる気持ちにあふれている。

これらの二人の手紙、というか、ファックスのやりとりを読むと、門馬師範と小野寺師範との固い絆が結ばれてゆく様子がよくわかる。門馬師範にとっての小野寺師範の存在も大きいが、小野寺師範にとっても門馬師範の存在は大きかった。いや、小野寺師範にとって門馬師範は、なくてはならない存在であった。だからこそ、多少の無理は承知で、突然会えないかと門馬師範に連絡したのだろう。

次の手紙の一文を読めばそれが見てとれる。

『私は君（門馬師範）さえいれば誰も必要としません。それだけです。私は空手談義できる相手そして心から信頼する事のできる人しか相手にもうしたくないのです。』

師弟関係の厳しさを求める一方で、小野寺師範自身は、とても情の厚い、孤独な人だったのではないかと思う。その孤独というものは、愛する極真空手について、奥深く、純粋に、語り合う相手がいなかったことではないだろうか。いや、その唯一の相手が門馬師範であったのだろう。


二〇〇九年四月十九日。静岡の大石師範が主催する大会に、門馬師範は小野寺師範と一緒に行くはずだったが、小野寺師範はドタキャンしてしまう。結局門馬師範だけが静岡に行くことになるのだが、電話連絡もつかず、さすがにイジけて、その数日後の小野寺師範からかかってきた電話では素っ気ない態度をとった。

四月二十六日。その日は門馬道場のお花見会だったのだが、門馬師範が会場に行くと、そこに小野寺師範がいたのである。来るとは事前に知らされてはいなかった。小野寺師範にしてみれば、ドタキャンの件で機嫌を損ねていると察して、機嫌を取りに来たのだと門馬師範は思った。小野寺師範はニコニコしていたが、門馬師範は複雑な心境だった。結局少しだけ仲直りしたという感じで別れた。

そして五月十七日。その日は会津の他流派の大会日だった。門馬師範の携帯には、朝から何度も小野寺師範からかかってきていたが、大会中で色々と取り込んでいて、出るのを先送りしていた。

その後、居酒屋での打ち上げの席上、門馬師範が挨拶をする時にもかかってきたが、タイミングが悪く、明日に連絡しようと思って出なかった。そのうち指導員の菜穂子さんからもかかってきたが出なかった。ところが大石師範からもかかってきたところで、さすがに門馬師範の胸がさわぎ、携帯に出た。

「門馬か……小野寺が死んだぞ……奥様がお前の携帯に何度もかけたがつながらないって困ってるぞ」

「え……」

絶句したまま、門馬師範は席を外し、店の外に出た。

「そこでビールの宣伝の幟がパタパタはためいているのだけは憶えているけど、後の記憶が全くなくて……」

それからはその訃報を伝えるためにいろんな人に携帯をかけたり、酒を飲みながら泣いていたというが、門馬師範にはその記憶が一切ないという。

岩手で行われた通夜と告別式には、門馬師範と菜穂子さん、菜穂子さんと同じくNPO法人極真カラテ門馬道場の職員で指導員の佐藤奈美子さんが同行し、火葬が終わるまでの三日間は、みんな泣き通しだった。告別式には門馬道場の二十人の指導員らも駆けつけ、別れを惜しんだという。

式場で、「小野寺は亡くなったけど、安心して極真やるんだぞ。俺が後見人になるから」と、門馬師範は大石師範から声をかけてもらった。

大石師範は、本来なら、小野寺師範がいなければ、到底懇意にしてもらえるような人ではない、雲の上の存在であった。それが現在では、大石師範は門馬師範の良き相談相手となっているのである。

これも門馬師範の身を案じる、小野寺師範が取り結んでくれた縁というものだろう。

門馬道場には、小野寺師範から贈られた色紙がある。

『人生は　常在戦場』色紙にはそう書かれている。

告別式から戻った後、師範稽古（指導員たちの稽古）の終わりに、門馬師範は指導員を前にして言った。

「この色紙は小野寺師範からの贈り物だ。『人生は常在戦場』と書いてある。人生そのものもそうだが、一回一回の稽古も、戦場だと思って、気を引き締めて、真剣に取り組んでほしい」

小野寺師範の生き様そのものが、〝常在戦場〟であったのだろう。その一瞬一瞬を大切に、一生懸命に生きるということ。私は不器用なまでの、人間性あふれるその生真面目さを、小野寺師範から門馬師範への手紙の中に感じ取った。

そして、私が一番に感じるのは、私心のない、人への思いやり、優しさである。それは門馬師範にも似ていて、だからこそ互いに響き合い、惹き寄せ合ったのかもしれない。

だが、小野寺師範との突然の別れは、門馬師範にとって、深い傷と悔恨を残した。どうして最後はちゃんと仲直りをしておかなかったのか。もっともっと極真について、道場について、これからの夢を語り合いたかったのに……。

門馬師範は五月十七日の小野寺師範の命日には墓参に必ず訪れ、忘れないようにと、自分の車のナンバーも同じ517にしている。

二人の師について門馬師範から聞くにつれ、本気で身を呈して弟子の危機に立ち向かってくれたり、真心があるというか、本当に親身になって耳を傾けてくれたり、語りかけてくれた

小野寺師範のお墓参りをする門馬師範

り、そうした接し方が不可欠のように感じられる。だから、先生だからといって弟子に偉ぶるというのが、門馬師範の最も嫌うところなのである。

二人の師は亡くなってしまったが、空手や人生に対する真摯な姿勢、その生き様、志というものを、門馬師範は今も、心にしっかりと刻みつけている。

第二章　始める

なぜ空手なのか

あなたが新しく何かを始める時、何をきっかけにするのだろう？

仕事、スポーツ、学問、音楽など、その世界に飛び込むきっかけというものが必ずあるはずだ。

例えばスポーツならばカッコイイ憧れの選手がいて、自分もなりたいと思って始める者もいるだろうし、学問ならノーベル賞をとりたいと思って始める者もいるかもしれない。音楽などは好きなミュージシャンの影響で始めることもあるだろう。

いずれにせよ、どのようなかたちにしろ、その世界の素晴らしさにふれて、何かを始めることが多いのではないだろうか。

私が映画の世界で生きてゆこうとはっきり決めたのは、二十五歳の時に場末の映画館で

矢吹道場での稽古風景

観た、時代映画『西鶴一代女』（監督・溝口健二）がきっかけであった。

井原西鶴の原作をもとに、度重なる不幸な体験を乗り越えてゆく一人の女の生き様を描いた作品であるが、娼婦にまで身を落とした主人公の女が、かつて産み落とした我が子が立派な殿様となった姿を見て、堪らず駆け出して縋りつこうとするクライマックスシーンを観た時、私の身体の震えが止まらなくなった。それは感動などという生易しいものではなく、何か戦慄すらおぼえる体験であった。

そこで私は、映画というものの中に、娯楽を超越した芸術の世界を観て、一生を賭けるに足りうる世界だと決めたのだった。尤も、そんなに生易しい世界ではないことを後に思い知らされるわけではあるが。

いや、映画やドラマの世界ならばまだ理解はしやすい。そこには〝おもしろそうだな〟という感覚が育つ土壌がある。スポーツや音楽などもそうだろう。最初は見たり聴いたりして、自分にもできたらどんなに素晴らしいだろう、きっと楽しいだろうなと思い、自然とやってみようかなと思うものである。好きだからやるというパターンだ。

その結果、何がおきるか。やりたい人間だけが増えてピラミッドを形成し、どれだけ売れたか、どれだけの地位を得たかという価値観の中で、頂点の一部の人間をのぞいてはその他大勢の扱いになる。

「好きと上手とは違うんだ」と、大先輩の映画人から言われたことがある。好きな人がいい映画をつくれる人ではないのだ、と。

実際、私の周りにも映画が好きな人はたくさんいたが、今この世界で残っている者は半分にも満たない。冒頭に書いたように、殆どの人が挫折し、あきらめてしまう。

もちろん〝好き〟を否定するものではない。〝好きこそものの上手なれ〟ということわざだってある。だがその〝好き〟にプラスアルファがなければ、生涯をかけて打ち込める対象との出会いとは言い難いのである。ではそのプラスアルファとは何だろうか。

そのことが手に取るようにわかるのが、実は、空手という武道なのである。とりわけ、極真空手を志す者はそのプラスアルファ思考が鮮明にあらわれてくる。極真空手の何たるかは後に書くとして、空手に入門する者について、門馬師範はこう語る。

「悩みや迷いがあって、今の自分を変えたいと思った上での空手じゃないですか。弱い自分を変えたいと思ってサッカーや野球をやろうとはなかなか思わないんですよ。空手を始める人はどっちかっていうと何かしら陰を抱えているんです」

人間である以上は、悩んだり迷ったり、大なり小なり問題を抱えて生きているものである。もちろん毎日が楽しくて仕方がないという人もあるだろう。はっきり申せば、そうした充実した人には空手は必要がないのかもしれない。空手を必要とするのは、師範の言うように、生活や人生について真面目に考え、悩み、乗り越えたいと願う人たちだ。

それは対人関係で悩んでいるのかもしれないし、経済で悩んでいるのかもしれないし、家族の悩みを抱えているのかもしれないし、仕事や勉強のことで悩んでいるのかもしれない。

自分を変えて眼前にある問題を乗り越えたいという、そんな人には空手はうってつけだというのである。それは自分自身の心が葛藤、渇望しているものであり、偽ざる気持ちだ。自己の弱さを克服したいと願う気持ちであり、純粋に強くなりたいという気持ちである。

つぶれた缶コーラ

「俺はこんな人間でいいんだろうかって……家族を守れるのかって……家に帰ってお風呂に入って、湯船に浸かりながら自問自答したんですよね」

門馬道場の門下生で、今は指導員である橋本典彦さんは、空手を始めるきっかけとなった十二年前のある事件について語ってくれた。

その日、橋本さんは旅行から帰って来る妻を車で迎えに行き、その帰りにコンビニに立ち寄った。発端はささいなことだった。

橋本さんが飲み物のコーナーでどれを買おうかと見ていたら、男二人と女一人の酔った三人が来て、彼らの開けた冷蔵庫のドアが橋本さんに当った。彼らは一応謝ったが、橋本さんにはその態度が気に食わなかった。言い合いになり、いきなり胸倉をつかまれ、こいつ事務所に連れて行こうかなどと脅された橋本さんは、反射的に相手の顔面を殴りつけてしまった。相手は出血し、それを見て逆上し、橋本さんを表に連れ出し、殴る蹴るの暴行をくわえ、罵声を浴びせて立ち去ったのである。

その後痛みを堪えて立ち上がった橋本さんが見たものは、自分が買うはずの缶コーラだった。

「コンビニの出入り口を見たら、缶コーラだったんですけど、それが自動ドアにはさまってて、形が変わって中身が出てたんです。買わなくちゃと思って中身のないそのつぶれた缶コーラをレジに持って行って買ったんですけど、店員も何事もなかったみたいにそのままレジを通して……ショックが大きくてですね……俺はこんな人間でいいんだろうかって……家族を守れるのかって……家に帰ってお風呂に入って、湯船に浸かりながら自問自答したんですよね」

橋本さんはショックと悔しさの中でやり切れず、最低でも自分や家族を守れるくらいに強くなりたいと思い、翌日には空手道場に電話して、かねてから興味のあった空手を始めたのだった。

空手を始めた時、既に三十代後半だったが、思いがけず、我が身に降り掛かった災いが、その背中を押して入門させてくれたのである。災い転じて福となすというが、時として、災いが人間を強くするきっかけとなることがある。

象徴的に言うならば、あの時の変形し、中身の出た缶コーラが橋本さんのその後の人生を決定づけたといってもいい。

橋本さんのようなトラブルに見舞われた時、いったいどれくらいの人が毅然とした態度で、家族を守れるだろうか。いや、無闇に相手と闘えというのではない。理不尽に立ち向かってくる輩に対し、動じない強さと冷静さが保てるかということだ。

今でも橋本さんは心が折れそうになった時、入門するきっかけとなった原点を思い出し、これではいけないと心を奮い立たせるのだそうである。

弱い自分を乗り越えて強くなりたいというその一念は、発端が屈辱的であればあるほど、簡単には投げ出さないものなのかもしれない。

名前で呼んでくれる場所

あなたは自分自身が何者であるか、考えたことがないだろうか。仕事上での肩書き、社長か部長か課長か、家ではお父さんかお母さんか旦那さんか奥さんか、団体に所属しているなら会長とか理事とか、あなたは様々な肩書き、呼び方で呼ばれているだろう。だが、ふと立ち止まった時に、自分が何者であるか、本当の自分とは何なのかと考えた時に、明確に答えられる人は意外に少ないのではないだろうか。

定年になったとたんに肩書きがはずれているにもかかわらず、町内会や趣味の集まりなどで、会社勤めの頃と同じように肩書きを誇示して仕切り、煙たがれる人がいるのはよく聞く話だ。

人間は大人になっていろんなしがらみにとらわれて、俗世間の垢にまみれてしまうと、本当の自分、丸裸の自分というものを見失ってしまうものだ。そこに疑問を持った時、本当の自分の姿とは何か、本当の自分でいられる居場所というものを追い求めるのかもしれない。

門馬道場の門下生で指導員の古川亜弥女さんは、専業主婦をしていた時に自分は何者かという疑問があり、その答えを空手の世界に見つけた一人である。

「名前で呼んでもらえる場所が欲しかったんです。主婦をしていると〝お母さん〟か〝ちょっとちょっと〟とか〝ねえねえ〟か。名前にはたどり着かないんです。〝何とかちゃんママ〟とか、〝誰々の奥さん〟とかいうような言い方をされるけど、名前でね、呼んでもらいたいというね。そういう場所が欲しかったんです」

亜弥女さんは子供と一緒に空手を習い始めたのだが、自分の名前がある場所、自分の本当の姿がある場所に魅了され、夢中に取り組むようになったのだった。

空手は一対一の世界である。組手の試合ともなれば誰も助けてくれない。だがそんな厳しい環境に置かれた自分というもの、つらい稽古を積み上げて試合の場に立つ者を、周りの人たちは名前で呼んで、存在を認めてくれるのである。

亜弥女さんの言うように、最近は幼稚園でも保育園でも小学校でも〝何とかちゃんのママ〟とか〝何とかちゃんのお母さん〟とか呼ぶのが当たり前のような風潮になっていて、中にはそんな名刺まで作って交換しているというが、亜弥女さんの疑問は全く真っ当であって、おかしいと思わない方がどうかしている。自分の名前を捨て、親が子供に依存しているのと同じことなのに、親の意識というものが幼稚化しているとしか思えない。それは自分が自分でなくてもいいと言っているようなものだ。

自分が自分であることを見つけるのは、空手の世界だけではないのかもしれない。だが空手は究極的な自己研鑽の道でもある。頼れるのは己の肉体一つだ。肩書きなどは全く通用しないし、本当の自分と向き合わないと強くはなれない。それだけに誰にも依存しない、自分の名前だけで生きているという実感がわくのだろう。

影響を与える人間になりたい

入門したきっかけが少し変わっているのが、指導員の岩崎菜穂子さんだろう。

菜穂子さんはもともと歌手や女優になりたくて、親族の経営する新聞社を手伝いながら東京の養成学校に通っていた。そんな中で新道場の立ち上げの取材の時、門馬師範と出会い、空手をやることを勧められ、そのまま入門したのであるが、今では門馬師範の懐刀であり、門馬道場にはなくてはならない存在となっている。

菜穂子さんは門馬師範と出会った時のことを鮮明に憶えている。

「〈空手の魅力って何ですか？〉って訊いた時に、〈空手は自己鍛錬の場で、精神修養の場だよ〉と門馬師範から言われて、その一言が私の中に残ったんですよね。空手のイメージは瓦割っているとか、みんな飛んでるみたいなイメージしかなかったので」

入門当時、菜穂子さんは仕事と養成所を掛け持ちする中で、お金と時間のやりくりに苦慮していた。毎週東京を往復する交通費やレッスン費用は給料ではまかなえず、カラオケ店でバイトをして補っていたくらいだった。

そこまでして芸能界を目指す菜穂子さんに対し、「何でお前は養成学校に行きたいんだ？」と門馬師範は尋ねた。

菜穂子さんは、「大げさかもしれないですけど、影響力のある人間になりたいんです。岩崎菜穂子という名を残したいんです。芸能人って一声でいろんな寄付が集まったり、いろんなことができるじゃないですか」と答えた。

するとと門馬師範は、「二千人の前で歌を唄って、演技をして、感動を与えられるかもしれない。だけど、与えられた人が、どう人生が変わっていくか、どう影響力を与えられたかっていうのは、正直わからないだろ？　でも、今眼の前にいるたった二十人、三十人の子供たちかもしれないけども、その子供たちと、真剣に向き合っていく中で、〝岩崎先輩みたいになりたいな〟とか〝岩崎先輩に教えてもらったな〟とか、そこにお前の姿を残すことで、その子にとっての影響力につながるんじゃないか」と語ったという。

その言葉が菜穂子さんの中にすんなり入ってきた。

「夢をかなえる方法が変わったという

岩崎菜穂子さんと門馬師範。茨城県大会でダブル優勝した時

か、それが芸能界ではなく、空手の先生っていうところに気持ちが切り替えられて、それで、養成学校を退学して、空手の先生になりたいっていう道に入っていったんです」

その後菜穂子さんは初めて挑んだ福島県大会の型の部門において、前年度のチャンピオンを破って優勝した。大会優勝後は、休日ごとに演武に呼ばれたり型を見せて欲しいといった依頼が多くあり、空手に勤しむことになった。

その時、菜穂子さんは思った。生徒が二千人いる養成学校を休んでも何の支障もないが、優勝者の演武は自分にしかできない、代わりがいないのだと。

入門のきっかけからは少し話がずれたかもしれないが、菜穂子さんにとって、指導員の道を示されたことが、実質的な入門のきっかけであったのである。

菜穂子さんが幸運であったのは、門馬師範の口から直に、空手というものがいかに素晴らしい武道かということを、聞けたことであった。そして菜穂子さんには、人に影響力を与えたいという誠実な夢、願いがあったこと、それは歌をヒットさせたいとか、女優として有名になりたいとか、そういった夢見る少女にありがちな底の浅い夢でなかったことが、門馬師範の言葉が素直に受け入れられ、本当の意味で入門するきっかけとなったのである。

門馬道場に入門するということ

空手を続けていると、苦しい時に踏ん張れる。特に直接打撃をくわえられる極真空手においては、殴られ、蹴られるという恐怖、痛みに対するストレス、試合に挑む時の、極度の緊張感に耐えなければならない。昔から、天ぷら屋の主人はストレスに強いといわれるが、それは常に熱い油に接しているからである。極真空手も然り。

今までの自分であったなら、あきらめて、くじけているところを、もう少しできるんじゃないか、頑張ってみようかという気持ちにさせられる。いや、それだけではない。コツコツと稽古を続けていく中で、あきらめない心、くじけない心が養われる。それは仕事や学問や生活のあらゆる局面で生かされる。ひいては、この人に頼めば何事もきちんとやってくれると、人から信用信頼される人間になるのだ。それを門馬師範は極真空手から受けた〝恩恵〟だと呼ぶのである。

「空手に入門する人というのは、自分と向き合って正直に生きている人だと思いますね」

と門馬師範は言う。「話してくれればね、何となくわかる。何でもないのに、こんなに明るい子なのに、鬱で仕事行ってないとか。話してみると細かいところに悩んでいて、え？そんなことで悩んでるの？　って。頑張らなくちゃ頑張らなくちゃと思う。真面目な人というのはね。でも頑張れない自分がいたり、頑張り切れなかったり、俺達だって一緒じゃないですか。だから、うちの道場で〝俺もだよ〟っていうのが一番安心するみたいですね。すごく安心する」

特別な人間が空手を始めるのではない。空手を始める人は、ゼロ地点かそれ以下の地点に立っている人だ。そういう人たちが口を揃えていう言葉がある。それは自分に〝自信がついた〟ということだ。

自信がつくということは、今までできなかった何かができるということだ。気持ちに余裕が生まれ、身の回りのいろんなことを落ち着いて見ることができる。そうなれば困っている人間を助けようともするだろうし、何か世の中のためにしたいとも思うだろう。

子供の頃から空手を始めて、長年やっている人に取材をすると、特にそれを感じる。今の学校教育よりも遥かに、極真空手によって育まれた教育の方が、役に立つと言い切ってもいいと思った。

また、門馬道場の指導員の人たちと話していると、第一印象は自然体の真面目さというか、素朴で、純粋さを感じる。指導員とはいえ、専任で空手を教えている人もいれば、仕事をやる傍らで教えている人もいる。いろんな人たちがいるのだけれども、皆さんに共通してそれを感じる。そして、門馬師範の言うように、〝正直に生きている人たち〟というものを実感する。

もっというならば、正直ゆえの不器用さというか、だからこそ何とかしたいという、今自分が生きていることに対する熱情のようなものを、直接言葉にはしないが、その物腰で感じるのである。

不器用さゆえの挫折や失敗もあるだろう。真面目ゆえの要領の悪さもあるだろう。しかし、こういう人たちは何事にも一生懸命だ。最初は到底できないと思えることを、何年もかけて、粘り強くやり通す。それを見ている周りの人たちも、影響され、自分にもできるのではないかと感化される。

これも門馬師範の、門馬道場の根本精神である、〝あきらめない心〟の教えの賜物なのである。

特筆すべきなのは、指導員たちをはじめ、門下生たちの仲の良さだ。指導員の人たちは口々に仲間と一緒にいると〝居心地がいい〟〝家族のようだ〟と言い、中には〝家族以上の存在〟と呼ぶ人もいる。

野球やサッカーのようなチームプレーが要求される競技ならともかく、空手という一対一の武道において、どうしてそこまでの連帯感、絆が生まれるのか。それは極真空手におけるつらい稽古に秘密があるのだが、それについては次の章で書いてみたいと思う。

いずれにせよ、あなたが空手を始めたいと思ったなら、あれこれ悩ますにすぐに始めるべきだ。まずは自らの身体で試してみることだ。そして、師範と呼ばれる人の姿勢を見て、言葉を聞いてみることだ。その時何を感じるかがとても大切だ。少しでも違和感を感じるなら辞めればいいし、納得すればやり続ければいいだけの話だ。

たとえ健康のため美容のためといった軽い理由で空手を始めたとしても、人によってはのめり込み、新たなる自分の発見をするということもある。門馬道場にもそういう人は数多くいる。

だが、一つだけ確かなことは、道場の代表たる師範がどのような人物であるかによって、その後のあなたの人生に、よい影響を与えるか与えないかが決定されるということだ。

第三章　鍛える

門馬道場にノーという言葉はない

さて、一つのきっかけ、志をもって、いや、一枚のチラシの誘いにのってでも、健康のためにでもいい、あなたが門馬道場に入門して、極真空手を始めたとしよう。

入門した後は稽古を続け、試合や昇級、昇段試験に挑み、武道家として、実力と人間性を培ってゆくわけだが、それ以前に、知らなければならない大切な精神がある。それが〝押忍〟の精神だ。

武道に全く無縁の人であっても、〝押忍〟という言葉はどこかで一度くらいは聞いたことがあるだろう。言葉の由来は諸説あるようだが、私が門馬道場におじゃまするようになって感じたのは、空手の世界では〝押忍〟で始まり〝押忍〟で終わるといったくらい、押忍の精神は重要だということであった。

門馬道場に限らず、空手の世界では少しでも先輩に対しては〝押忍〟の世界になる。言い訳はできないという言葉、いわゆる〝ノー〟を排除した世界だ。ただ、門馬道場ではそれが徹底されているのである。

「指導員だからという感覚ではなく、帯上の人に言われると、〈押忍〉と言いますね。指導員だから年上だからというものではなく、先輩っていう感覚があるように見えますね。その先輩の延長線上に、師範がいるんだと」と白河道場で芝澤成菜さん、豪君、伶瑛さんの三兄弟を習わせているお父さんの芝澤浩さんは言う。

それは道場生だけに限らず、保護者のお父さんお母さんの間にも、そういう礼節というものが浸透している。

また、芝澤三兄弟のお母さん、裕子さんは言う。

「お母さんたちも、低学年の子の対応とか見てて、先輩に対する口のきき方が悪かった時は、稽古後即更衣室に連れてって、〈今の何？　どういうこと？　先輩だよ。謝って来な〉って。お母さんもふだんの道場を見ていて、自分の子供がおかしかった時には、後から言ってもダメで、その場で言わないといけないって。お母さん方も厳しい方が多いですね」

これはもう単なる習い事の場所ということではなく、道場全体が武道教育の場所となり、師範を筆頭に、諸先輩があるから自分があるという、謙虚に感謝する気持ちを常日頃から失わせないための、心がけのあらわれもあるのだろう。

だがそうした礼節は決して堅苦しかったり、図に乗った先輩が威張り散らすような低次元のものではなく、気さくな門馬師範に象徴されるように、ふだん稽古以外の場では大人も子供もうちとけ、とてもリラックスできる場所でもあるのである。

「指導するだけ。習うだけの立場じゃなくて、道場だと一緒に、大人も子供も同じ目標に向かって稽古をやってるんですよね、実際に。そういった部分で、大人と一生懸命同じことをやっている自信があるのか、我々に対する対応も中高生なんか立派ですよ。年功序列の部分をしっかり自覚しつつも、くだけた会話ができるとかって、すごいなあって。大人と対等に話して冗談も言い合って、中学生も高校生もできるなんてすごいなって見てますね」と浩さんは言う。

そういえば菜穂子さんもこんなことを言っていた。

「一度、八十歳の門下生の方が白帯締めて、五歳の男の子が青帯締めて、八十歳の方が五歳の子に、〈押忍お願いします〉って挨拶をしたんですよね。〈いや、空手では先輩なんで〉って八十歳の方が言うわけですよ、五歳の子に。そういう気持ちで入門されることが素晴らしいと思います。会社の社長さんであっても、自分が青帯なら、中学生の茶帯の子に挨拶をするわけじゃないですか。でもそれは、空手の中では、当たり前の関係であって、それってふつうの生活ではまずないことだと思うんですよね。簡単に言えば、非日常の体験をさせてもらっているというか。

また、指導員の域に入って来ると押忍、絶対にノーのない世界、イエスしかない世界、それも非日常的なものであって、でもそこが、居心地よく感じれるようになれた人が今残っているんじゃないですかね」

それは確かに非日常というか、ありえないというか、ふつうに生きていれば絶対に経験できない世界がここにはあるということである。

余談ながら、〝押忍〟にはいくつかの活用形があって、例えば戸惑いを示す「お、お、おーす」とか、疑問系の「おーす?」とか、微妙に変わるようである。


その押忍の精神があるからこそ強くなれると言うのは、救命士という過酷な業務の傍ら、指導員をする太田和夫さんである。

「例えば私が道場で指導していて、私が言ったことに対して、後輩が押忍を言わなければば、それは教えている人のいうことをきかないということじゃないですか。そうすると強くなれないんですよね。一万本蹴れって理不尽なこと言われてても、ええ⁉ と思いながら、押忍の精神で蹴るじゃないですか。それが強さにつながっていくんですよね。それを師範に教えてもらいました」

つまり、そこに師と弟子との強い信頼関係がないと、押忍の精神は成り立たないということになる。だから、それが崩れた時に、派内や道場内での内紛が起きたりするのだが、指導員や関係者の誰に訊いても門馬道場ではそうしたことは一切ないというし、私も客観的に眺めて、取材を重ねると、絶対にないと言い切れるのである。

そこには弟子たちが門馬師範を尊敬し、慕い、信頼する気持ちもさることながら、それに負けないくらいに師範自身も弟子たちを思いやる気持ちにあふれているからである。

門馬師範は言う。

「(空手の世界は) ノーを排除した世界なので、ややもすると大変な世界じゃないですか。バカな上司だと、何言われるかわかんない。俺たちは、弟子にノーを言わしちゃダメなんですよ。必ず押忍だからイエスでしょ。ノーを排除した世界なんで、イエスでしょ。だからあまり変なことは言えないわけですよ。気遣いも配慮もちゃんとしなくちゃいけない。

だけど、私生活の細かいとこまで俺らはわかんないじゃないですか。無理を言ってるつもりはないんだけど、こいつらは基本的にイエスだと、思うからこそ、こっちはよかれと思って〈よし、飲みに行くぞ〉って連れて行ってあげたいわけですよ。で、あいつらは、ノーとは言わないんで。押忍って言うわけです。でも、実際後で聞いたら、実は今日は嫁さんの誕生日で、ケーキ買って待ってたんですけどっていう状態だったり、もしくは嫁さんが四〇度の熱を出して寝てて、〈帰って来てね〉と言われてたんだけど、師範に飲みに誘われたから断れなかったんだっていう風に、俺はまわりまわって後で聞くんですよ。子供の誕生日だったりね。大事な用事があったとか。

俺はわかんないから。飲みに行く前に子供の誕生日なんでって言ってくれれば誘いませんけど、最初から言うはずもないしね。だから、突然俺に〈飲みに行くぞ〉って言われて押忍ってついて来て、でも、本人も何も言わないで盛り上がってるんで、結局朝まで飲んでましたね」

今は師範も多用になり、門下生たちと一緒に飲みに行く機会も減ってきているようだが、昔は稽古の度に飲みに行っていたと指導員の井上賢二さんは笑って話してくれる。

「道場を立ち上げた三、四年は稽古終わる度に毎回くらい飲みに行ってました。当時は師範も若いんで、コケコッコーって鳴くくらい飲んでました。四時五時くらいまで。飲み屋の戸を開けたら新聞配達が俺の前を通り過ぎたりして。

帰れないです昔の極真は。帰れないし眠れないです。それも修行だなって思ってましたけど。四時五時だともう寝ないで仕事行きましたから。居酒屋さんでサーバー全部飲んだこともあって。これでもう今日はビールありませんて言われたこともありました。あんなことやったら、今はもう辞めてる人が結構いると思いますよ。そういう意味では内蔵も鍛えられました」

門馬師範の弟、門馬功師範代も言う。

「例えば、飲みに行って自分の都合で帰れない。会社の飲み会じゃないんだから。〈お先に失礼しまーす〉っていうのは、基本的にない世界ですから。よっぽどの事情がある場合は前もって師範に、大変申し訳ありませんが、中座させて頂きますって言っといて、挨拶して帰る時はあるかもしんないですけど。そういうのが苦痛になる。飯行くぞって言われたら俺ら〈押忍〉って言いますけども、やっぱり、何時に終わるんだろって思ってました。昔は家帰ってシャワー浴びてすぐ会社に行かないと間に合わない時がありましたもん。でも終わるのが朝五時だなって覚悟していて、三時に終わるとすごく早く感じるんですよね。二十年以上そうやって飲みに行ったりしてるけども、絶対に先に寝たことも一回もないし、酔っぱらって迷惑かけたことも一度もない。でも今の人たちは、そういうのは耐えられないのでしょうね。昔の道場と今の道場は雰囲気も変わりましたが、とにかく今の人たちは自分本位ですから。空手を今やる人が少ないのはそういう理由もあると思いますよ」

ただでさえ今は若い人は付き合いを疎ましく思い、上司からの誘いも当たり前のように断る時代である。押忍の世界などとんでもないということになるのかもしれない。だが、それはただ時代のせいだけであろうか。

その人たちはもしかすると、空手が好きなのではなく、空手をやる自分が好きなのかもしれない。空手そのものが生活の一部なのであれば、尊敬する師匠や先輩後輩とともに、いつまでも好きな空手について語り合えるのではないか。

私自身の映像の業界においても、師匠や先輩、後輩、教え子がいるわけだが、その人たちと夜通し映画や文学について語り合えと言われても全く苦にならない。

実際、私の師匠は酒が飲めないので喫茶店でコーヒーを飲みながらということになるのだが、三時間四時間話していても平気であり、話し足りないくらいだ。シナリオや映画や文学について語り合うのは、やはり私自身の生活の一部だからだ。

何より、私は師匠を尊敬しているので、その尊敬する人に誘われ、語り合うというのは、ありがたいことでしかないのである。

「あいつらからすると、師範の誘いだから断るわけにはいかないってついて行くわけですけど、俺は後からそれを聞いたり、こっちはこっちでいつも断らないけどいいのかなって思ってるわけですよ。こいつらは、そういうのをすべて含んで〈押忍〉って言って俺について来てく

昭和村選抜メンバー強化合宿にて

れてるんですよ。それがわかってるから、俺はこいつらのことは面倒みなくちゃならないし、絶対こいつらを裏切るわけにはいかねえなと、俺も思ってるわけですよ。何かあったら、俺が行くと」

門馬師範が口にするからには本気である。

以前、ある指導員がケンカ騒ぎに巻き込まれ、五人の男たちから殴る蹴るの暴行を受けて重傷を負った。実はその一週間ほど前、町内でケンカによる殺人事件があり、師範がお前ら絶対にケンカはやるなよと、門下生たちを戒めていた。押忍の世界である。その指導員は絶対に手を出さなかったのである。極真空手の有段者が本気でやれば相手が五人であろうが勝負は見えている。

連絡を受けた師範は指導員のいる交番に駆けつけ、ケガの状態がよくないとみて、その指導員を病院に連れて行った。その際、暴行した五人の男たちも交番にいて、師範に対して「あんたが先生かい。空手っちゃあこんなもんかい」と息巻いていた。翌日話し合うということで師範は連絡先を交換したが、その後五人は、師範がどういう人物か人づてに知って平身低頭、様々な人まで介して師範に対し詫びを入れてきたという。

だが、師範は絶対に許さず、五人を道場に呼び出し、入門誓約書を書かせて性根を叩き直そうとするも、五人は怯えて書かなかった。翌日、師範は仙台に出張しなければならなかったので、夜九時に戻るから道場に来るようにと再び五人に命じたのだった。

結局、それを知った門馬功師範代ら他の指導員たちが、師範に手を出させては大変なことになると、九時より前に五人に話をつけて独断で帰らせてしまったという。当然師範は「何やってんだお前ら」と激怒したが、弟子の立場とすれば師匠を守るための必死の行動だったといえよう。

断っておくと、この関係は、ヤクザのような親分子分のような関係ではない。昔風にいえばいくら義理人情といっても、彼らは彼らの利害や打算があるはずだ。また会社の上司と部下のような、地位とか成績などがかかわる関係でもない。また、競技場内だけに限られるような選手とコーチという関係でもない。

それはやはり、稽古や試合において、同じ苦しみやつらさを味わい、共有していることがベースにある中で、武の道、つまり自己鍛錬の道を先導して指し示す者と、それに付き従う者との関係なのであって、極めて純粋なる理念のもとに結実した師弟関係なのである。

稽古はつらいよ

空手を学ぶわけだから、当然、稽古というものをしなければならない。武道にかぎらず、スポーツにおいてでもそうだが、うまくなったり強くなるためには、きつくて苦しい稽古に耐えて、続けなくてはならない。挫折する人の大多数が、このきつい稽古に耐え切れなくてやめてしまう傾向にあるのではないだろうか。

空手の稽古も例外ではない。しかもフルコンタクト（直接打撃制）の極真空手である。

痛みや、場合によってはケガをする場合もある。稽古のつらさもさることながら、痛みに対する恐怖も伴い、心身ともにダメージを受けると、やめたくなるというのは当然であろう。

だが、フルコンタクトの中にこそ、極真空手の真髄というものがある。稽古を続けることによって、本当の意味で、身体と心を鍛えてくれる。それは強さを競うこととは別次元のものであり、いかに難関を突破して乗り越えるかという、人間としての生き様そのものの教えに直結するといってもいい。

人として嘘をつかないとか、信頼されるとか、逆境に強いとか、有事の時に力を発揮できるとか、生きてゆく上での大切な事柄が、極真空手の厳しい稽古を続けることによって身につくのである。

ハッタリではない。門馬師範をはじめ、指導員の方々とつき合う中で、私はそれを実感したのだ。長くつき合っているわけでもないのに、肌でそれが感じられるというのは、よほど鍛え上げられているのだと思う。

あなたは門馬道場に入門して稽古を始める。多少はできるだろうと思っていたら、全くついていけなくて、苦しくてつらくて嫌になる。不器用でうまくできず、すぐにやめたくなる。だが、それが一ヶ月、二ヶ月、三ヶ月と経ってみると、不思議なことに、その場に馴染んでいる自分を発見する。

稽古はつらいし試合はおそろしいし、何だって続けているのかと思うが、その積み重ね、一つ一つを乗り越えてゆくことで、何事にもあきらめない心が磨かれてゆくのである。この章では、門馬師範や指導員の皆さんの話をひもといて、稽古に対する心構えを少しでも感じてもらえればと思う。

厳しい稽古が連帯を生む

「当時は稽古がつらくて門下生の出入りが激しかったです。私は自分の稽古で無我夢中だったんで、気づいたらいつの間にかいないってのがありましたね。子供は親御さんに送られて来るんで、強制送還ですよね。大人の場合はやっぱり自分との葛藤が毎回あるんですよね。車に乗るまでの葛藤。車に乗ってから道場に来ても、道場の前をブーッて走り過ぎちゃったり。当時は無我夢中だったんで、気がついたらアレ？　あの人がいないってのがよくありましたね」

笑い話のように語ってくれたのは指導員の井上さんである。井上さんは門馬師範の弟子の中でも古い方で、門馬道場の初期の稽古の厳しさがわかっている一人である。

井上さんはつらい稽古の中でも、空手をやめたいと思ったことはないと言う。それは門馬師範が大会や昇級、昇段など、常に課題や目標を与えてくれるので、それに向けての稽古に夢中で励むうちに、いつの間にか歳月がたっているという感じだったのである。

目標の中でもとりわけ、全日本選手権に緑帯で出場したことが思い出深いと井上さんは話す。緑帯レベルでのその大会の出場は通常あり得なかった。出場していいのか悩んだが、門馬師範から「どうなるかわからないけど、それを目標に一年間頑張ってみたらどうだ」と言ってもらい、それから一年におよぶ厳しい稽古に取り組んだことが、井上さんにとっての転換期になったという。

「そこで考え方も、空手の取り組み方もガラッと変わった一年だったんですけど、すごいつらかったです。一年間ですから。長かったです」

その一年の間、週に二日、通常の稽古が終わってからも別メニューを門馬師範から課せられ、夜中の十二時、一時までの三時間から四時間、ビッシリと強化稽古をこなしていった。例えば準備運動代わりに腕立て伏せを三百回、腹筋三百回、スクワット三百回やるのだが、それを一回休んでしまうと次の稽古の時には繰り越されて倍の六百回になった。しかもその六百回を同じ時間内に消化しなければその他のメニューに

組手稽古風景

支障が出るので、倍の早さでやるか、みんなが終わってからそれをこなさないと帰れなかったので、休めなかった。

「大会では延長で負けてはしまったんですけど、自信にはなりましたね。一年間つらい稽古をやり切ったというのと、あとは目標を持つ大事さ……よくもったなあと。それと、いろいろその一年で感じたことってありますよね。人って一人じゃ生きていけないってよく言いますけど、それを実感しました。仲間がいないと、やっぱり続けられないですよね。みんなで頑張って乗り切るぞっていう熱気がすごかったです。異常だったと思いますよ。当時、その道場が民家と民家の間にあったんで、最後みんなで苦しいから絶叫とかしてるんで、何が始まったのかと驚かれたと思いますよ」

この稽古によって身体もつくられたが、何より精神力がついたと井上さんは言う。これだけの稽古をやったんだから、ちょっとやそっとのことでは負けないと。

そして何よりつらい稽古を共有する仲間がいることが心の支えだった。あきらめないと言うことは簡単に言えるが、自分一人だけは限界がある。やはりそれには先生や仲間と同じ苦しみ、痛みを分かち合うといった気持ちがなければ、とてもできないことなのである。

話をしながら、井上さんは常に笑顔で、時には声をあげて笑っている。自分が死にそうなくらい、つらい稽古の経験を話しながら笑っているのである。「二回休んだら三倍の九百回になるので休めないですよね」とか言って……冷静に考えれば変な人だ。

でも人間は本当につらい思いをして危機や障害を乗り越えた時、人間としての幅というか、余裕や自信ができる。井上さんもそのあらわれなのだろうと感じた。逆に中途半端に投げ出した人間に限って、自分を正当化するためか、あの時はつらかったと深刻そうに話したりすることが多いように感じる。

門馬功師範代も稽古についてこう語る。

「空手って、大会では個人競技なんですけど、一人じゃできない個人競技ですね。仲間がいないと耐えられない。ふだんの稽古は一人でもできますよ。二人いれば組手もできるし。だけども、限界を越すようなつらい稽古には耐えられないですね。未だに思いますもんね。みんなは疲れないのかなあって。でもみんなは〈いやァ俺も死ぬかと思いました〉〈あと一分やってたら俺死んでたなあ〉って言うから、〈みんなもきついの?〉って訊いたら、〈きついですよお〉って言うから、〈よかったァ、俺だけじゃなくて〉って。

空手は試合になると自分の責任になるんだけど、稽古の時はみんな同じ苦しみを味わうから、そこがスポーツと武道の違いだと思いますね。チームワークを必要とする競技よりも、団結力が強いんじゃないかって思うくらいですね」

武道というものが、厳しい稽古を通してチームワーク以上の団結力が生まれるというのは眼からウロコであった。

野球やサッカーなどの団体競技は対戦相手に勝つためのチームワークといってもいいだろう。勝つためにはチームワークが必要だということだ。だが、武道の場合は対戦相手に勝つためのチームワークではなく、己に勝つためのチームワークなのである。己に勝つことで、〝あいつも頑張ってるんだから俺も頑張ろう〟といった他者に良き影響を与えるのだ。

そして、この根幹にあるのが苦しみやつらさの共有、共感である。同じ思いになるということは、相手の気持ちがわかるということである。相手の気持ちがわかれば自然と結びつきも強くなってゆく。

いじめの問題などが起きると、学校の教師などは〝相手の気持ちになって考えてみろ〟といじめた側に言うが、それは無理な話である。そんなことができるくらいなら、最初からいじめなどやっていないだろう。相手の本当の痛みを知るためには、自分もその痛みの中に飛び込み、いじめられた子と同じ経験をするしか手だてはない。

だから、同じつらさや苦しみの共有ができる空手、武道というものが、とてつもなく大きな団結力を生み出すことは想像に難くない。

指導員の菜穂子さんは言う。

「門馬道場のみんなは仲がいいと思いますし、多分何か起きた時に、命投げ出す覚悟で集まってくれる仲間じゃないですかね。誰かが何かに困ったってなったら、我先にとみんながその人を助けようとする黒帯のメンバーだと思います。時として家族以上の関係になる時もありますし、とにかく困った時に手を差し伸べられる者同士だと思います」

〝命を投げ出す覚悟〟と聞いて、そんなアホなと思う人もいるかもしれないが、これも限界を越えて死ぬんじゃないかという厳しい稽古を耐え抜いた者にしか、本当の意味での理解ができない言葉だろう。私が門馬師範をはじめ指導員の方々を見ているかぎり、菜穂子さんの言葉は本当だと信じて疑わない。

また、指導員の佐藤明浩さんはこう語る。

「痛みを知っているというか、みんな同じものを共有してるから、あんまりピリピリしないというか、ささくれだっていないというか。まあ稽古も試合もみんなライバルとして一生懸命やるんですけども、それが終わればほんとに兄弟というか、仲いいですね。気持ち悪いくらいですね。家族以上って言ってもいいくらいですね。ほんと不思議な感じですね」

佐藤さんは四十歳という年齢で空手を始め、空手歴は十年ほどになるが、今でも次々に大会に出続け、常に上位入賞しているといった強者である。それゆえに、他道場の人たちとの交流も多く、門馬道場は特別だと感じることがあると言う。「あちこちの道場に知り合いがいるんで話すんですけども、〈なんで門馬道場ってあんなに結束力高いの？〉ってよく訊かれます。いろんな道場が各方面にあれば、ともすればここと ここが仲が悪いとかあるんですけど、うちはないんですね。何か道場の行事っていうと、パッと集まって運営するし。全国のどこの道場からも言われます、門馬道場ってすごいねって。なんでそんなに結束力高いのって。我々もそうですけど、それにかかわってくれる保護者さんたちも、すごい協力的で、もう、非の打ち所がないっていうか。何でなんですかね？　欠点を言いたいんですけど、欠点がないんですよね。別に洗脳されてるわけでもないんですけど」

指導員の亜弥女さんもこう話してくれた。

「家族とは違うんですけど、いい距離感というか、適度な距離感があって。踏み込まずも遠くもなくて、何かある時は必ず助けてくれるというか、相談にのってくれるというか、家族に言えないことでも言えるってとこはあるかなって」

一つ、断っておかなくてはならないが、佐藤さんや亜弥女さんの言葉でもわかるように、どこの空手道場でも強い結束力を生み出すとは限らない。いや、むしろ門馬道場のような強い絆で結ばれた道場は皆無とは言わないまでも、ほぼないと言ってもいいだろう。

門馬師範が極真空手の道場に入門した頃のことを思い返して頂きたい。同じ稽古でも先輩後輩の会話もなく、目標もなく、やたら組手でバタバタと倒すような殺伐とした雰囲気だった。いくらきつい稽古をしても、ここには共有、共感という意識はないし、したがって結束力が生まれようもない。逆に飛田道場では先輩後輩のつながりがあって、稽古はきついものの、結びつきは強かったのである。この差は何なのか。

一言でいえばやはり日頃の門馬師範の教え、言動というものが門下生たちに大きな影響を与え、日々実践した結果、そうした強い絆が生まれたといえるのであろう。

井上さんは、門馬道場のホームページ内の昇段レポートにおいて、こんな一節を書いている。

『(一年間の) 強化トレーニングの後の喉がカラカラの状態でみんなと飲んだ豆腐屋から購入した豆乳は格別でした。』

〝みんなと飲んだ〟とさりげなく書かれているところに、私は門馬道場の強い絆を感じるのである。

四十九対五十一

門馬師範は、若い頃から死ぬほどきつい稽古を耐え抜いて生き残った人ともいえる。その稽古を通して何を学び、どんな考えに至ったのかそれを訊いてみた。

「俺はそんな強い人間じゃないんだけど。みんなから見る俺は、多分相当強いと思ってる。でも絶対違う。俺もこうだったし、俺もこうだから、と言うと〈えーっ？　師範もですか？〉ってなる。俺だって人間だもの。そしたら安心するんですよね。すごい安心する。〈なんで朝そんな練習できるんですか？〉〈やりたくないとかならないですか？〉って訊かれて、〈なるよ〉って、〈サボりたい気持ちが四十九、やらなきゃっていう気持ちが五十一で辛うじてやらなきゃっていう気持ちが勝ってるだけだ〉って。せめぎあって、最終的に四十九対五十一でやるんです。そう言うとみんなホッとするみたい」と師範は笑って言うのだ。

ホッとしたのは門下生だけではなくて私自身もだ。もちろん空手など本格的にやったこともないが、もう師範は出来上がっている人だと思うから、それを聞くと安心する自分がいる。師範ですらそうなんだと。

「いつも瀬戸際ですもん。やるかやらないか。僅差ですよ。どっちに傾いてもおかしくない。今朝だって、昨日飲めや食えやの社員旅行から帰って来て、やばいぞと思ったから、明日は絶対運動しなきゃと思って。それで今日やろうと思って朝起きたんですけど、だるくて、十分くらい悩んでいましたね。つまり四十九対五十一。どうしようどうしようと。明日夜やれば何とか取り返せるかなって。どうしてもやりたくない朝もあるんですよ。そんな時は十回だけやろうと思うんです。でも十回やったら五十回やれるんです。いつもそうですもん。

コツは頑張りすぎないことですよ。走るのだって、例えば雨降ったら休んでもいい、仕事が朝早い日は休んでもいいと決めるんです。そうすれば週二回位はやらない日もでてくるわけです。週二回休めるという考え方ですね。結局ね、続けなかったら意味はないんですよ。完璧主義者だから理想通りできなかったらやめますというのはおかしいんです。ナオちゃん（岩崎菜穂子）が言ってましたけど、〈私は完璧主義者だから中途半端ならやめます〉って。〈え？　それは完璧主義って言わないだろ。究極の中途半端じゃないか〉って口論になったこともありましたけど」

ああそうか、と思う。頑張りすぎないことが大事なんだと。頑張りすぎると当然やるのが嫌になってくる。少し気持ちに余白を持たせて、ここまで休んでいいと決めたら、無理をせずに続けられるのである。

率先垂範

それにしても、つらい稽古を十年、二十年と続けられるのはなぜなのか。つらさを共有することで心の結びつきが強くなることも、自身の心が強くなるということは理解できる。だが、根本的に、何が支えとなって続けられるのだろうか。

「どんなにきつい稽古でも、師範が先頭に立ってやられるのでついていかないといけないんです。率先垂範ですね」

と指導員の橋本さんは言い、同じく指導員の井上さんは、

「師範の好きな言葉で〝率先垂範〟。その〝率先垂範〟の文字を背中に入れたTシャツをつくってくれた門下生もいるんですけど。それを見る度に自覚して、自分でできないことは人に教えるなとか、そういうのを意識して。師範は率先垂範だよなあって。師範なんか未だに稽古の中に入ってやってますもんね。自分も責任道場ではその輪の真ん中に入ってやっていくように心がけていますね。一緒にやらないと門下

矢吹道場の稽古風景

生もついて来ないと思うんですよね。

以前東京でたまたま通りかかった道場を覗いたことがあって、そしたら一番前で椅子に座って、空手着着て、師範が竹刀持って座って指導してたんですよ。しばらくそれを見てたんですけど、やっぱりダメだなあと思いました。あれを見るとうちの道場は違うなって」と話してくれた。

指導員の佐藤明浩さんはこう語る。

「うちの師範て言葉だけじゃなくて率先垂範といって、自ら行動してわれわれに見本を見せてくれる。だからみんなついて行くっていうのがあると思うんですけど、だから我々も、自ら身体を動かして、見本となって、みんなに教えるっていう、口だけじゃなくて、自分も汗を流して。自分ができないことは人に教えたらダメということで。師範がそういう考えなんで。それは我々もきつく言われてます。我々もみんなより人一倍汗をかいて、そして覚えて、みんなに伝えていくと。それが門馬イズムというか、我々はそれで育てられて来ました」

会社などで上司が、自分のできない仕事、やりたくない仕事を部下に押しつけたあげく、やった結果に対して文句を言い、批判をする。当然、部下はこう言いたくもなるだろう、「じゃあお前やってみろよ」と。これでは信頼関係も何もあったものではない。

日頃から率先垂範であれば、こんなことにはならないはずである。上司が率先してやれば、自ずと部下もついてくるものだ。こんな簡単なことさえできていないのはなぜかといえば、その上司もそうやって教育をされてきたからである。つまり、いい上司、いい師匠に巡り会うかどうかは、人間にとってとても大切なことだといえよう。

『やってみせ、言って聞かせて、させてみて、ほめてやらねば、人が動かじ』

と言ったのは、人望が厚かった軍人、山本五十六元帥海軍大将であるが、人の上に立つものは、やはりこうでなければ人を動かすことができないものなのだろう。

率先垂範の上がある

こういう話になってくると、やはり指導者である門馬師範の存在そのものが大きい、というか直弟子の門下生たちは門馬師範の背中を見ながら、それに追いつこうとして頑張り、またその姿勢を他の門下生たちも見ているということなのだろう。

そして尊敬できる師となれば死にものぐるいで稽古を重ね、いつかは師匠のようになりたい、師匠を追い抜けるほどに成長したいと願うものなのである。だからこそ苦しい稽古にも耐えられるというものなのだ。

だからここで、再び門馬師範について書かねばならぬとは思うが、それがあまり面白い話ではないから困る。

門馬道場の黒帯の方々は口を揃えて率先垂範の師範はすごい、尊敬する、ついて行きたいと言うのだけれども、そんなことを言われてもそれを文字で伝えたって疑わしいような、きれいごとのような意味合いでとらえられるのではないかと思う。

ふつう、映画やドラマなどでこうした人物を描く場合には光と影があって、それでリアルな人物像を浮かび上がらせることが多い。だが、師範の場合はみんなが光の部分ばかりを言うものだから、ちっとも面白くないし、あまりにリアリティのない話にかえってうさん臭いと思われたりしないかと危惧したりもするのである。

実際、関係者のインタビューを続けながら、苛立ちすら覚えた。そりゃあ本にするといえば、師範の欠点や悪口を公然と言えるわけもないなと思ったりもした。だが、十人が十人とも、示し合わせたように、判でついたように、短い言葉でいかに門馬智幸という男がすごいかを語る。

だが、へそ曲がりの私ですら、師範と会って、話をすると、その言葉一つ一つに説得力があるし、ハッタリではない真実味を感じるし、それはもう自分の経験から、身体に染みついたものを吐き出しているわけだから疑いようもないのである。

「男が男に惹かれていくっていうか。男と女が恋してるみたいなもんだな。思いが募るみたいなもんだよ。会えば会うほどってやつだな。で、門馬さんてしゃべってると案外装飾語が少ないんだ。むずかしい熟語とか、むずかしい言葉を使うわけではない。立派なことを言っても聞きかじりでしょっていう人が多いじゃないですか。特別なことを言わない。ぶれない男。ぶれないのは誰にも使う言葉だから……いや、違うな。彼は違うんだなあ。何て言ったらいいのかね、彼のことを話すと興奮しちゃうんですよ」

と言うのは門馬道場の会津地区の後援会長である目黒守司さんである。門馬師範とはまさに一目惚れ、門馬愛に満ちた方で、門馬道場のために私財を投じて自然豊かな昭和村に合宿施設まで購入してしまったほどである。

なぜ目黒さんがそう感じるのかといえば、おそらくは、門馬師範の言葉というものが、自らの行動を通して肉体が感じたことを話しているからだろう。

昨今の人はまず、知から入る。本やテレビやネットなどの知識、情報というものをとっかかりにして、自分なりの乏しい経験値に照らし合わせて考えを生み出す。若い政治家や学者、ワイドショーのコメンテーターと呼ばれる人たちなどは最たるものだが、知が先行している以上、一般の人にとってはさしたる影響力も説得力も持たないのである。つまり、発した言葉というものがオリジナルではなく、誰かの口を借りているのと同じことなので、聞く者にとっても右から左へと聞き流されることが殆どで、すぐに忘れ去られてしまう。

だが行から入った人間の言葉は重い。何もないところから己の経験を積み上げ、実感から言葉を紡いでゆくので、言葉を飾らないでも語れるし、その言葉は説得力を持つのだ。但し、そういう人間は極めて稀であると思う。行を極める人間というのは、しばしば常識を逸脱したり、行に溺れて知をないがしろにしたりして、常人の言葉では語れなくなってしまっていることが多いからである。

知で語ろうとする人は確証を得るために相対論になってしまう。Aと比べてBの方が数が多い傾向にあるから、Bの方が正しいと言う。だが行で語る人は絶対論で語るから、絶対的にこれがいいのだと言い切ってしまう。その言葉に一切の迷いもない。身をもってそれが正しいとわかっているからである。

そんなことを、門馬師範の言葉から感じるのだ。

「一生懸命理屈を語る人間ていっぱいいますよね。ちゃんと意味を説明してくれる人はそれはそれでいいと思いますけど、まあ人はなかなかついて来ませんよ。言葉だけではね。ただ、率先垂範は最良かもしれないけど、最近、その上があると感じるんです。それは人のやる気を起こさせる人。それはその人の生き様かな。生き方すべてがその人の考え方。俺はそんなところまで行っていない。頑張って行動で示そうとしている程度かな。それだけじゃダメですよね。

人を引っ張っていく人って常に前を行かなくちゃいけないけど、ついて来れない人もいるじゃないですか。疲れちゃったりして。一番ケツの方にいる人なんか、その先頭の人の背中について行けなくなって、そのうちはるかかなたに行っちゃって。でもそんな状況でもあきらめないでね、最後の土壇場の状況になっても、もう一踏ん張り頑張るぞって思わせるみたいな」

率先垂範は模範を示すことである。だがそれだけではダメだと門馬師範は言うのである。率先垂範の上で、その背中を見て、たとえビリッケツにいる人間にでも、やる気を起こさせる者が最上であると。

そして、人にやる気を起こさせる者というのは、生き様そのものを見せてやる気を起こさせるような、そんな人間だというのである。

それなら、どういう生き様であればいいのだろうか。

「日本の教育って知識を習得するじゃないですか。その知識を一生懸命にやって、その知識を習得すればするほどいい大学に行けて、いい企業に就職できて。人間性は問われないですよね。日本の教育というのは。空手も一緒で、ミット蹴ってサンドバッグ蹴ってバーベル上げてね、それで試合に出てチャンピオンになったり、ある程度の実績を積んで、それでよしとされて指導者になったり師範になっちゃったりする。でもやっぱり人間性は問われないんですよね。

柔道の創始者である嘉納治五郎先生も言ってたけど、修行と精神性とは別だというんですね。明確に。柔道の修行をしたからといって人間性が素晴らしくなるとは限らないと。むしろ、人間性のいい人間にしか武道を教えたらダメだと言っているくらいだからね。空手をやっているからといって、その人がそれだけで人間性が向上したり、人格向上、人間形成、人に信頼される人間になれるわけではないんだよね」

私はかねてから厳しい修行を積んで実績をあげたものは、そのプロセスにおいて精神性も高めるものだと思い込んでいたが、どうやら違うようである。

要はもともと人間性のいい人間が修行を積んで初めて人間性が向上したり、人に影響力を及ぼす人間になるというのだ。ただ単に強い選手になりたいというのであれば、肉体を鍛え上げればいいだけの話だ。人がついて来ようが離れようがどうでもいい。

だが、門馬師範の目的は、空手を通しての武道教育である。正しい武の道を伝え、継承することによって、他の人々の人生を豊かにしようとしているのである。そこには私だけが強ければいいとか、儲かればいいといった利己的な考えは一切ない。

「信用信頼される人間になるために道場があると思っているんです。突きや蹴りを一生懸命やったからといって、人から信用信頼される人間になれるわけではないし、あきらめないとかコツコツ積み上げるとか、その大事さを教えるわけです。頑張ったらお前だってできるんだぞっていうことでやらせて教えるんです。腕立て伏せ百回なんか無理、せいぜい十回しかできないと思っている人間に対して、十一回、十二回、十五回とやっていくと絶対できるようになるんだっていうことを、立証していけばいいんです」

門馬師範の中にあるのは自分ではなく常に他者だ。もがき苦しんで浮き沈みしている他者に対し、自らも飛び込んで行って浮き沈みしながら、こうすれば助かるぞとやって見せるのである。そして、そいつが浮き上がって脱出するのを見届けてから、自分も脱出するといったことだ。まるでその方法論を探るために自分を鍛え上げ、空手に没頭しているかのようにも感じる。

人間性のいい人間が、武道の修行を通して育ってゆく、原石が磨かれてダイヤモンドになる、門馬師範の言動にふれると、つくづくそういうものなのだなあと実感する。だがそうした人間というものは、世の中にはなかなか見当たらないというのも現実だ。

「俺なんか極真空手の恩恵をまるまる受けている人間なので。ほらこんなに素晴らしいでしょって言えるわけですよね。誰の力も、言葉も借りずに、素晴らしいでしょって。俺がこれだけ恩恵を受けたんだから、あなただったら絶対そうなれるよって。極真やったらちょっとやそっとじゃくじけねえぞって。信頼できる人ってギリギリ土壇場でも一発逆転できるような人なんですよね。そのためには最後まであきらめないこと。あきらめないから土壇場に強い。

それと、キャッチボールができること。自分が投げても拾ってくれない。自分が来てほしい時に返って来ない。自分が来てほしい時に来ない、自分が外してばかり、もしくは相手が外してばかりじゃキャッチボールにならないから、お互い補えあえる関係性をつくっていけば、人から信用信頼されるわけじゃないですか。それを土壇場であきらめたり、自分のペースだけで相手への気遣いがない人では、ダメだと思うんですよ。

でも俺にそれができるかっていうとそれは違うんですよ。俺はそこができるように頑張ってるんで、みんなも一緒にそこを目指して頑張って行こうぜっていうことなんです」

若き日に、殺伐とした空気の中で、倒れるまでボコボコにされ、どうやって無事に帰れるかばかりを考え、道場運営、指導に携わる中で人間関係に悩まされ、人間不信に陥り、極真を捨てようかとまで思い詰めたその極真空手から恩恵を受けたというのはどういうことなのだろうか。

それは、ただただ強くなりたいという信念に尽きるのではないか。そして、強くなるためにこれまで積み上げてきた稽古量に尽きるのではないか。

やられてもやられても這い上がって来る、いや、這い上がって来なくては生き残っていけない。もう嫌だ、やめたいというダメな自分を戒めて稽古を続けて、自分が何者かも考えないうちに、稽古に没頭し、肉体を鍛え上げ、それが自信につながり、後輩にも道筋をつける。

そこには虚飾がつけいる僅かな隙もないし、意味のない相対論もないし、絶対的に正しい、それしかないという正しい道を、自分自身の力で見つけるしかない。それは死ぬまでたどりつかない、果てしない旅のようにも思えてくる。

そうした、極真空手から得た、くじけない肉体と心を、門馬師範は恩恵と呼ぶのだ。

俺なんかしょっちゅうあきらめてきたよ

「ナオちゃん（岩崎菜穂子）によく言われるんだけど、〈師範はあきらめたことないですよね〉って。あいつら平気でそんなこと言う。そんなわけねえだろバカ野郎ってね。俺がしょっちゅうあきらめてきたから、それをいっつも後悔してて、これじゃだめだって戒めで言ってるのにね。

〝勝っておごらず、負けてくさらず〟って言葉も試合の度に言ってますけど、俺自身昔はいつもくさっていましたからね。

二十代の頃、優勝を狙えるくらいの位置にいた空手の試合で、二回戦か三回戦でみぞおちに突き食らってのたうちまわってノックアウト負けして、悔しさと情けなさの中でくさって帰りたかったし、しばらく稽古を休んだりしましたよ。

居合いの試合の時なんんか、優勝候補とか言われて、一回戦で中学の女の子に負けちゃいましたからね。その後ずっとタイムキーパーやってましたよ一日中。帰りてえ、もうヤだあって思いながら。そんな風に一番自分がくさったりしてる経験があるから、そういうのがカッコ悪かったなって今は思えるから、それをみんなに言うわけですよね。

それもこれも極真やってたおかげですよ。こんな自分じゃダメなんだなって思う環境があったから、そういう気持ちになれるわけですよね。根っからそうじゃないわけですから。スクワットを一週間やらなかったら、腹筋を一週間やらなかったら、俺はダメな人間だなって思えるんです俺たちは。なかなか珍しい人種でしょ。こんなんじゃダメだ俺はって。そういう考え、思考にしてくれたのが極真なんですよ」

反面教師、といえばそれまでだが〝あきらめない心〟の、きれいごとではない原点がここにあるのである。負けてくさってそれではダメだと気づいて、気づかされて稽古を積む。そのダメだと思う気持ち、気づきを極真空手が与えてくれる。ダメだと思ったら稽古を続けるしかない。稽古を続けていたら強くなるし、〝くさる気持ち〟も薄れてゆく。こうして人間が鍛え上げられてゆく。

何のためにやるのか考えたらダメ

門馬師範の場合、不思議なのは、インタビューや飲み会の席で、よどみなく、とめどなく語る時が度々あるのだが、言葉に一切の無駄がなく、的確だというところだろうか。また、例えにしてもどこかで聞いたことのあるようなことも一切ない。全部が自分の言葉。オリジナルといった感じだ。

「陸上界だって同じだと思うけど、一〇秒なんか切れねえぞっていった時に切った人がいるわけですよね。そしたら俺も切れんじゃねえかと思うやつがどんどん出てくるわけですよ。やれる人が眼の前にいたら超えられますもんね。スクワット千回って一般にはとてつもない数字に思えるけど、身近にあんたやってんのっていう人がいれば、一万回だってできるわけですよ。そういう人が周りにいる環境があれば絶対にできちゃうんです」

そんな話を門馬師範と会うたびに聞かされていた私は、まあちょっとやってみようかなと腹筋や腕立て伏せ、スクワットを軽い気持ちで始めたわけだが、やりながら時々、何で俺こんなことやってんのかな？　って思ったりする。それを師範に言うとまた明解な答えが返ってくる。

「何のためにやるのかを考えたらダメです。意味とか考えなくていいんです。バスケットやる意味とか勉強する意味とか色々考えたって答えなんか出てこないじゃないですか。中学高校の子たちにいますよ。空手をやる意味がわからなくなったって。気持ちが弱くなって。マイナスの方に思考がいくんでしょうね。自分でやめる理由とかやらなくていい理由が自然に出てくる。だから考えるなっていうことです。眼の前のことを一生懸命やれって。腹減ったら飯を食うだろって。好きかどうかわからないですよ。空手をやっていて楽しいと思ったことはあんまりないですもんね。やめたいと思った時に、やめられなかった。

空手って野球とかバスケットと違って生き方なので。自分たちの場合。やめてどうすんのっていう話。門馬智幸っていう人間をつくっているのは、空手も含めてのものなので。え？　門馬やめるの？　ってことですよ。門馬っていう人間をやめるの？　って。

一道場生だって、空手をやって、仕事をやって、友達と飲みに行ったり、嫁さんとケンカしたり、それを含めてその人じゃないですか。どれが欠けてもその人じゃなくなりますもんね。全部がその人をつくっているわけですから。俺の中には極真空手が相当のウエイトをしめていて、好きかと訊かれてもわからないっていうかね」

そういえば本書の取材で様々な人にインタビューを試みていて、その中で、「空手をやっていて何がよかったですか？」とか「あなたにとって空手というのはどういうものですか?」といった問いかけに対し、相手がしばしば沈黙するといったことがあったが、考えてみれば、こんな愚問もなかったなと反省している。

門馬師範の論法でいえば、そんなことを訊く方がどうかしているし、訊く奴はアホだということになる。


それに気づかせてくれたのが門馬道場の生え抜きで、高校生としては初めて黒帯を取った三人、石井新君、鈴木統河君、大住柊太君という門下生たちだった。三人とも先の質問をすると考え込んでしまう。それからオッサンの愚問に気をつかってくれて、何とか答えを絞り出してくれる。ちなみに統河君と柊太君は、空手を始めた子供の頃から門馬師範に憧れ、幼い頃から将来の夢は絶対に〝空手の先生になること〟と決めている。

「空手が好き、師範が好き、先生方が好き、仲間が好きみたいな。学校の生活がなくても困らないでしょうけど、空手なくなったら彼は人生を失うことになるくらい」と、統河君を評してお母さん、真美子さんは言う。

また柊太君は、「空手をやめたいと思ったことはないです。生活の一部。空手やめたら、人生の終わり的な……絶対やめたくないです」と、訥々と話してくれた。

すると横で聞いていたお母さんの由香里さんがククッと笑い出して、柊太君の名言を披露してくれる。

「柊太の名言かと思うんですけど、〈この世の中で空手やってない人って何が楽しくて生きてるんだろ?〉って言ったんです。一年くらい前、(送り迎えの)車の中で信号待ちしてる時に。私忘れもしません」

何だろう、この子たちは。空手バカといえばそれまでだが、見事な門馬イズムの継承者というべきか。

そういえば世界的映画監督の黒澤明氏は、記者会見で記者から「黒澤監督にとって映画とは何ですか?」という質問を受けた際、黒澤監督は「映画は映画だよ」と答えただけだったというが、正しくその通りであって、私にしても「脚本とは何ですか?」と問われれば、強いて言えば「私の生活です」としか答えようがないだろう。自分の生活だと思うものに何?というのは答えようもないし、それは結果、愚問だということになる。

それは空手や映画を知らない人の言うことだ。その答えを聞いても愚問と気づかないとすれば、その人は、何かに人生をかけて、真剣に打ち込んだこともない人間なのかもしれない。

だから、師範が、空手をやめたら門馬智幸でなくなるというのはその通りなのである。尤も、そこに徹底できない人間にしてみたら、嫌ならやめたらいいということでしかなく、言い替えればそれは自分にとってどうでもいいことをやっていたのだということにもなる。どうでもよくないと思えば、絶対にあきらめないで続けようとするだろうし、やめないでいい方法を考え抜くだろう。

それにしても、ここまでの影響力を持ち、信念を抱かせる師範というのは、やはり率先垂範以上の、やる気を起こさせるといった域に入っているのではないだろうか。

以前は門馬道場の保護者会会長でもあった、石井新君のお父さん、純さんは言う。

「合宿でも大会でも百人いようが千人いようが子供たちが師範の前で整列しますよね。あれほんとシーンとしますね。学校じゃあり得ないですよ絶対に。最初これは何だと思いましたけど、それは師範の存在ですよね。師範の存在というのは、言ったことは必ず実行するし、実践するし、率先性があるというんですか、そのことを師範と出会ってまざまざと感じますね」

その通りだと思う。今は学校の一クラスでさえ、黙らせることが困難な状況に陥ってしまっている。

ジョン・レノンが亡くなった時、全世界のファンが十分間の黙祷を捧げたが、その数は数百万人といわれた。あるクラシックコンサートの会場では、黙祷を捧げるために、公演の開始が十分間遅れたという。当時、大統領でもそんなことはできないと言われたが、これもジョン・レノンの歌に共鳴した人々の強い結びつきがあってこそできることなのである。

歌を通して、空手を通して、信頼関係を築き合う。そこには利害とか打算とかは一切介在しない。真っ直ぐに相手を見つめて、やらんとすることに、言わんとすることに注視する。

自分を謙虚にさせてくれる、やる気にさせてくれる人間というものは、門馬師範のように、「門馬やめるの？」というほど、生活の中で何かに情熱を注いで真剣に生きている人なのだろう。

やってみる

私は主に劇映画やドラマのシナリオを書くことを生業としているわけだが、シナリオを書くということは、〝人間を描く〟ことであり、〝人生をまるごと描く〟ことである。具体的に言えば、描く対象となる人物の性格、趣味嗜好、生い立ちから仕事、家族関係、交友関係などを完璧に把握して書かなければ、リアリズムをもって描き切ることはできない。つまり、主人公の生きる世界を疑似体験するわけである。

だから、その人物に関係する資料を調べたり、関係者に聞き取りをしたり、ゆかりのある現地に行って取材したり、下調べには特に時間をかける。私の場合、シナリオを書く作業の七割以上を、この調べものの時間にあてるのである。

そうやってできるだけ、主人公の心情というものを体感し、イメージを広げて書いていく。この、肌で感じるということが作品の説得力を生み出すとでもいえようが、他者の気持ちになるというのは、そんなに簡単にできるはずもなく、情けない話だが、だいたいが中途半端な作品に終わってしまうということになる。

今回、ノンフィクション作品を書いてほしいという仕事においても、もどかしかったのは、私自身、空手の経験がないということであった。理屈ではわかっていても、肌で感じられないから、書き切れる自信がまるでなかった。

本当は入門すればいいのかもしれない。一緒に稽古して、組手もやって、つらさや痛み、恐怖を経験すればわかるのかもしれない。だが網膜剥離によって左眼がほぼ見えていない私にとって、右眼もダメになると飯が食えなくなるので、フルコンタクトの極真空手はさすがに恐怖である。これは真面目な話だが、将来、もし両眼が見えなくなることがあったら、それから門馬道場に入門しようと思っている。

とはいえ、何もしていないわけではなく、前述した通り門馬師範の影響を受けて、ささやかながら、腹筋、スクワット、腕立て伏せを始めたのである。

最初は腹筋五十回、スクワット百回、腕立て伏せ三十回と決めたのだが、門馬師範がスクワットを二百五十回くらいやるというので、私もできるかぎりそれに近づけたいと、すこしずつ回数を増やしていき、今では二百回以上はコンスタントにやるようになった。日によっては三百回以上やっている。もっとも、時間は師範の倍はかかっているだろうが。

「スクワット千回って一般にはとてつもない数字に思えるけど、身近にあんたやってんのっていう人がいれば、一万回だってできるわけですよ。そういう人が周りにいる環境があれば絶対にできちゃうんです」

という、師範の言葉を前に書いたが、その通りだということが身をもってわかったのだ。だからといって、その回数自体に意味があるわけではなく、人間の思考において良き影響が与えられたということなのである。

また、スクワットだけでなく、腹筋にしても腕立て伏せにしても、最初はそんなのできっこないと思っていた数が、門馬師範の言葉通り、続けることで本当にできるようになってゆく。つまり、あきらめてしまって、やらないからできないのであって、やればできるということが実感できたのだ。

なにより、〝何かを続ける〟ということが、〝何かができる〟という自信につながるのが大きい。それは、自分自身との約束を守っているということもある。自分との約束すら守れない者が、人との約束が守れるとも思えない。それは自分ができないことを人にやれと言っているのと同じことだ。

門馬師範の言葉が腑に落ちる。信用信頼される人間になるということの、一番最小のモデルを、私は身をもって実感したのだ。

私はすぐに自慢をしたがる人間なので、スクワットでも腹筋でもこんだけやってまっせと周囲の人たちに吹聴する。「へーすごいですね」「ほんまかいな」と言われたりするが、そんな中で、〈こんなオッサンでもできるんやから、俺もやってみよかな〉と思ってくれたらこんなにありがたいことはない。

人間は、自分が体験した素晴らしい感覚というものを、広めたくなるものなのだ。

更には、少しずつだが、次はもう少し数を増やしてみようかといった、上を目指すような思考になってゆく。

こうした思考が、畳一畳分だけのスペース、己の肉体だけで事足りて生まれるのである。不思議なことではあるが、ひいてはそうしたトレーニングの持続、あきらめないということが、生活全体においても、もう少し頑張ってみようかというい影響を及ぼすことになってゆく。

ひきこもっている人だって、スクワット一つでも続けてみればいい。私にもできるという自信、そのエネルギーというものが外へ外へと向かってゆくのが実感できるだろう。そのことがひきこもりを解決するとは思わないが、思考が良き方向に変化する一因になることは間違いない。

疑うならまず自分でやってみることだ。そして続けてみることだ。頭とか口などはどうでもいい。とにかく身体を動かして、身体で思考することだ。

本当にお恥ずかしい、小さな経験ではあるが、私は自らの身体を通して、門馬師範のいうところの、〝プチあきらめない心〟の素晴らしさを体感したのだ。それを実践する本格的な場所が門馬道場といってもいい。

鍛えるということは、苦しみの中にあっても、それに負けない〝素晴らしき人間の心を引き出してくれる〟ということでもあるのである。

第四章　常在戦場

人生は何が起きるかわからない

さて、どうにか稽古を続けてきたあなただが、具体的な目標を持つようになる。一つには大会に出場して上位入賞を果たしたいということ。もう一つは昇級を重ねて、やがては昇段審査を受けて黒帯をとり、指導者になりたいということ。

だが、世の中そんなに甘くはない。あなたは勝てない試合が続き、だんだんと嫌になってくる。あれだけ稽古をしているのに、全く成果があがらないということは、自分には最初から能力がなかったのかと、思い悩む。

稽古の積み重ねが空しく思えてくる。こんなことでは黒帯など夢のまた夢。結局はダメな人間だったのかとさえ考えるようになる。こうして挫折やあきらめという文字が頭にちらついてくると、稽古にも身が入らなくなってしまう。

たかが空手じゃないか。仕事や勉強をやるのが本分だし、空手一つダメだったからって、全部がダメってことじゃないだろう……と、自分の中で何とか折り合いをつけて、やめる理由、やめても正当化する理由を見つけようとする。

これは弱い人間の発想ではなく、当たり前の、ふつうの人間の思考なのである。誰だって落ち込んだ時は最悪のことを考えるものだ。

門馬道場の指導員、黒帯の門下生の方々を取材していて感じたのは、もともとかなりの空手センスがあって、そのまま大会で実績をあげてきた人が殆どいないということであった。逆に当初は試合で負け続けて、そのために悩みに悩んで葛藤し、〈もうやめてしまおうか〉といった局面に立たされた経験を持つ人が多いのである。

最終的に彼らが危機を乗り越えた最大の武器は、〝あきらめないで継続する〟ということであった。試行錯誤を繰り返しながら、試合に勝つまで稽古をやり続けたことがすべてであった。

思い悩むというのは一見、マイナスのイメージがあるが、私はそうではないと思う。ギリギリまで悩み、解決策を思考し、試みる。その繰り返しというものが、人間を強くしていく。その悩みのすべては解決されないかもしれない。だが、何とかしようと努力し、行動を起こすというそのプロセスにおいて、知らず知らずのうちに、その人の身体と心を鍛え上げているのではないか。その極限的な状態にさらされるのが極真空手ではないかと思うのである。

一番の問題は、悩む前にあきらめて、逃げてしまうことだ。できるわけがないと、自らを鍛え上げるチャンスを投げ捨てて、楽な道を選ぶことだ。いや、それを否定するつもりはない。実際、大多数の人たちはそうするであろうし、私自身だって、そのうちの一人だった。だがそれを続けてゆくと、いつしか生活すべてにおいて、何もできない人間、何もしない人間、自分だけのための人間に成り下がってしまう。おそろしいのは、何かをして失敗することではなく、何もしないで一生を終えるということだ。

それを思うと極真空手は人生そのものにも思えてくる。シンプルに濃縮された人生だ。極真空手を始めて、いろいろな人々と交流し、喜びや悲しみを経験して、目標に達する。極真空手で経験する一年は、人生における十年にも匹敵するかもしれない。

だから、門馬師範が「空手をあきらめるな」と言うのは、「人生をあきらめるな」と言っていることと同じなのであり、正に〝極真空手＝人生〟なのである。

人生は何が起きるかわからない。次の瞬間には事件や事故に巻き込まれ、災害に見舞われているかもしれない。順調な時はいいが、それが壊れてどん底に落ち込んでしまった時、あなたならどうするだろうか。そうなっても這い上がって来る力を得たいとは思わないだろうか。極真空手という武道を実践するということは、その力を得る可能性があるということだ。

今、いろんな問題を抱えて悩んでいる人はたくさんいるだろう。極真空手をやることで、問題そのものがどうにかなるものでもないが、多少のことでは動じない、ストレスに強い心身をつくりあげることは間違いない。

闘うということ

極真空手は別名、ケンカ空手と呼ばれるように、フルコンタクトというルールがある。防具をつけないで（子供はつけるが）、試合では相手を直接拳で突き、足で蹴る。一撃必殺というが、まともに食らえば場合によっては骨折し、失神してしまう。

考えてみれば何の恨みもない人間と対面して殴り、蹴るのである。いや、殴られ、蹴られるのだ。こんなに理不尽な競技もない。

だが空手に限らず、武道においては稽古と試合は両輪であり、切っても切り離せない関係にあり、どちらが欠けても強くはなれないのである。もちろんこの場合の強さとは身体と精神の両方であり、肉体の痛みも恐怖だが、闘えば自分はどうなるのだろう、ぶっ飛ばされて病院送りにでもなるんじゃないかという、精神的な恐怖も大きい。

その恐怖は人間である以上、克服し難いものである。その恐怖を払拭するためにも、厳しい稽古をやり抜いて、ここまでやったのだから、俺は誰にも負けないと自身に言ってきかせるしかない。

だがそんなことで恐怖との折り合いをつけられるほど人間は単純な生きものではない。たいがいがやりたくない、逃げたいと思う。おそろしいほどの緊張に襲われ、下痢をして、嘔吐する。

前出の芝澤裕子さんは言う。

全福島空手道選手権大会会場

「吐いちゃう子もいますね。下痢も止まらなくて、トイレにギリギリまでずっといて、来るっていう子もいますね。まっ青になる子とかいますもんね。実際オエッてなっちゃう子もいますし、ビニール袋持って待ってて、試合が終わったらスッキリしちゃうっていう。出ない私までオエッてなってる人いっぱいいますよ。極限に緊張してなりますね。他のお母さんもオエッてなりますもん。一緒に。気持ち悪くてオエッオエッってなります

こうなるともういいも悪いも親と子供が一心同体、一蓮托生ということなのだろう。

「試合はこわいと思います。試合前とかは緊張してこわいです」と言うのは石井新君である。

「組手の試合の前は必ず、もうヤだあって。燃える時もありますけど、殆ど全部もうヤだあって感じですね。何もしなくていいのに、わざわざ殴りに行ったり倒しに行ったりみたいな。何回もやってるんですけど、まだ余裕はないですね。ひたすらやるみたいな」と鈴木統河君も言う。

やはり若さがあっても恐怖心はいかんともしがたいのか。

こうなれば〈この世の中で空手やってない人って何が楽しくて生きてるんだろ?〉と言い放った大住柊太君に期待したいところだが、

「試合って、こわいです。試合前は、空手やめたいと思う。その時の一瞬なんですけど、逃げたい……試合前だけ……緊張しすぎて。試合はやりたくない。けど、やんなきゃ勝てない。やんなきゃダメ。試合はほんとにこわいです。もうやるしかないです。空手はやめたくないんだけど、試合はもうやりたくないって、試合前は思います。緊張しすぎて」

やはり試合の恐怖はどうしようもないらしい。では指導員の先輩はどう思っているのか。

数々の大会に出場して上位入賞を勝ち取ってきた佐藤明浩さんはどうだろうか。

「試合はこわいからこそ頑張れる。頑張んなくちゃなんない。こわさに打ち勝つためには頑張るしかない。自分に自身がないと、稽古をやったという自信がないと大会にも出られないし、これだけやったから、頑張れっかなってとこがあるんで、それがないと大会には出られないです。目標がないと、きつい稽古って続かないんですよね。上の帯を目指すために稽古をするのか、大会に出て、成績を残すために稽古するのか。漠然と、稽古をしてても、なかなか身につかないというか、何か目標を持って、それは大人の方でも子供にも言うんですけどね。何か目標を持ってやった方がいいよって。それは門馬師範にも言われてることですけど」

このクラスになると落ち着いてきている感がある。型にも組手にも強い指導員の佐藤奈美子さんに訊いてみると、

「一年で一回、大会のために追い込む時がないと、練習しないです。緊張もしないし、追い込まれて精神的に追いつめられることもないんで、あるから、練習する。おっかないから練習するのと同じで、やってて、嫌ですけど、自分でも出なきゃなんないなと。わかってるんですけど、一応師範に訊きます。〈出なきゃなんないですか？〉って。バカって言われるんですけど。わかってはいるんですけど、出るとなると大変ですね」

奈美子さんは面白い人だ。試合に対する恐怖心を語るより以前に、試合に挑むための大

変さの方が大きいようである。

だが、乗り越えるべきなのは試合に挑む恐怖心だけではない。ある意味、克服するにはもっと困難を伴うかもしれないことがある。それは、試合をやっても勝てないという苦しみである。

血の滲むような努力、稽古を続けて挑んだ試合で勝てないというのは、精神的にかなり落ち込むことであり、実際、勝てないという理由で辞めてゆく門下生の子供たちは少なからずいるようである。だが、取材を続けるうちにわかったことは、一度その試練を乗り越えた者は、その後はいい成績をあげているということだった。

「当時私はなかなか勝てない、空手の選手生活だったですね。何ていうんでしょう、一回戦がガチガチになっちゃうんですね。やりたいことも歯車が噛み合わない感じで、何年も勝てなくて。ＫＯはそうないんですけど、判定で負けることが多くて。何でかなってずっと考えてましたね」と言うのは指導員の井上賢二さんである。「そんな時、これで最後にしようという大会があったんです。小野寺師範主催の岩手県の大会で。茶帯の一級だったかな。これで、負けたら選手生活やめようっていう。もうやるだけやってきたというのがあって。その時初めて自分の頭で考えて、本を読んで研究したり、師範に技のことを尋ねたり、いろいろ試してましたね。試合の時は不思議と緊張もなくて、逆に開き直っていた感じがしますね。ここまできて、これで勝てなかったら、そこまでの男だったんだって。そしたらその時、トントンと勝っちゃって準優勝したんです」と、井上さんは話してくれた。

それはなぜその時に勝てたのかというより、その時が勝つべき時だったというような気がしてならない。雨が続いていてもいつかは晴れるように、井上さんは勝つまであきらめずに稽古を続けたからではないか。

また、指導員の橋本さんはこう話す。

「空手をやめたいと思ったのは、選手として全然勝てなかった時期があったことですかね。大会に二十回くらい出て負け続けだったんです。自分はもうダメなんだと消極的になったんですね。自分の稽古量が全然足りないとかそんなことは全然考えないで、自分にはそういう能力がないと思い込んだことがあったですね。でもその時に、自分を思いとどまらせてくれたのが、門を叩いた時のことですね。（第二章参照）必ずそこには行きますね。家族をやっぱり守るためにやらないと、このままじゃダメだろうと。自分で自分に言いきかせて奮い立たせて、それが今まで四、五回あったような気がしますね。でも今は、やめるつもりはさらさらないですね」

橋本さんの言うように、初心に返る気持ちは大切だろう。その世界に入るきっかけというものは、自分の原点でもあるのだから、やめるということはそれを否定するということであり、つまりは何十年も積み重ねてきた己の努力をも否定することになるのである。

ジャンルが違うけれども、私も若い頃は自分自身に才能や能力があるのだろうかと悩んだ時期がある。しかし、そんなことをいくら悩んだって何の解決にもならないと今にしてみたらわかるのである。結局は努力をし続けて、自分に欠けているものを補っていくしかないのである。

　菜穂子さんや佐藤奈美子さんと同じく職員の指導員、鈴木昭弘さんは黒帯の中では若い方だが、大会の場数は相当こなし、世界大会出場まであと一歩と迫っている。当然、試合に備える対処というか、心構えというものがそれなりにあると言う。

「自分の場合は前の日まで試合のことは何も考えないです。イメージトレーニングはしますけど、その後、明日大会だから頑張んなきゃと思うと緊張するんで、無の境地になります。慣れですね。試合出始めて三、四年は前の日眠れなかったですけど、入賞できたのを機にリラックスできて、ふつうに大会に出られるようになりましたね」

　これも経験を積み重ねて得た知恵というか、感覚なのだろう。さらに鈴木さんは、

門馬師範の演武

門馬道場では一般部の試合に一番多く出続けていることを前提に、試合中の意識がどんなものであるかを教えてくれた。

「試合って、一番最初真っ白になるんですね。真っ白になって、何をやっているのかわからないです。それで終わっちゃうんですけど、今は、ほんとにこう、この前の全日本大会とかは、相手と撃ち合いながら、パッと視線を（セコンドについている）門馬師範に向けて、師範のジェスチャー（指示）を冷静に見ながら闘ってました。それくらい周りが見えるようになりました。ちょっと離されて、次に続行というまでに少し時間があるんですね、その瞬間に、〈今何分経過した？〉とかセコンドに訊けるようになって、前ならセコンドの声を聞くのもやっとで。でもそうなったのは最近ですね。ここ一、二年でそこまでになりましたね。緊張感を超えた状態ですねたぶん。ある一定の時間にすごく緊張するんですよ。こう椅子に座って待っていて、試合の開始線に立つまでの間とか、すごい緊張するんです。ただ相手を見て構えた瞬間に、スイッチがカチッと入って、冷静な状態で闘えるようになりましたね」

　鈴木さんは十年間試合に出続けて、その域に達したのだというから、やはり継続的に続けることで得るものは大きいのだろう。

　そういえば、なかなか勝てなかったという指導員の井上さんも、準優勝した大会で、一回戦から違う雰囲気を感じていたという。

「一回戦から空気が違うのを感じていて、周りが見えたんですね。灯りが、こう明るく感じたっていうんですか、視界が開けるみたいな。不思議でした。セコンドの声がすごい聞こえて、意外に冷静に闘えました。相手も見えました。出て来ないなと思うと自分が攻撃したり、そういうことは初めてでした」

ただそれは単なる不思議話に終わるのではない。井上さんはその経験をなかなか勝てない子供に話し、苦しい思いを共有するのだという。子供にしてみたら黒帯の先生でさえそうだったのかと思えば、これほどの励みもないだろう。

また、井上さんは試合に挑むにあたって門馬師範から、精神論的なことを言われたことを憶えている。

「師範からは技術よりも気持ち的なことをかなり言われた気がします。〈今自分の子供とカミさんが人質にとられたとしたら、お前はどういう気持ちで闘うんだ〉とか、もっと気持ちをぶつけろみたいなことを会うたびに言われた気がしますね。あと〈刺し違えるつもりで闘え〉〈頭で考えるな〉ってよく言われました」

わずか二分ほどの試合時間の中で、倒すか倒されるかの勝負をするのである。その一秒一瞬が貴重な時間であるし無駄にはできない。頭で考えるより前に身体を動かさないと一撃で倒されてしまうだろう。

いや、本来武術というものは、倒されるだけではすまない。倒される時は死ぬ時だったはずだ。だから、闘う時は、死を覚悟しなければならないのである。それを思えば死ぬほどの稽古を積むだろうし、勝負にあたっては極限の自分の力というものを出し切ろうとするはずだ。それは、肉体も心も一体となった世界になる。

指導員の太田さんに誘われて門馬道場に入門した鈴木康太さんは、太田さんの後輩で、救命士の出動司令を出す部署で働いている。かねてから極真空手には憧れていたというが、「人が蹴られるのはこんなに痛いのか」と感じたという。

「試合は一週間前からこわいです……試合やるんだと思って。相手と対面したら吹っ切れます。試合が終わるともういっぺんやってみたいと思いますね」

と、鈴木康太さんが言うと、横で聞いていた太田さんが、「私は試合をこわいと思ったことがなかったんです」と言う。「絶望をやる気、希望に変えて、アドレナリンを出すんです」と。膝を負傷してからは試合から遠ざかっているが、バリバリと試合をしている頃はそう思ったのだった。

それを聞いた鈴木康太さんは、「性格の違いですかね」と苦笑していた。

「逆に臆病だからそうなのかもしれない。先に手を出すから」と太田さんは笑って言うのだが、その太田さんが、本当におそろしかったという体験談を話してくれた。

道場に全日本入賞者が来て、一緒に稽古をやった時のことだが、太田さんを含めた門馬道場の門下生五、六人でスパーリングをした。二分くらい軽くのつもりだったが、全日本入賞者はガッツリやってきたのだという。

「先輩らがやっているのを見て、ヤベエなこれと思って。みんな、ボディとかローとか上段（蹴り）とかで倒されてって。だんだん俺の番に近づいてきた時は、マジでびびってましたね。でも、そん時の二分間が記憶にないんですよ。左上段が顔面にもろに入ったんですって。その後も闘ってたっていうんですけど、覚えてない。二分終わってその後座っていて、〈師範私の番まだですか？〉って。〈終わったぞお前〉って言われて。全然記憶がなくて、とんじゃってるんです。アゴが痛くて一ヶ月飯食えなかったですけど。脳しんとう。半日くらい記憶なくて。闘争心だけでやってたのかなって。今も（話しながら）ドキドキしてきました」

素人なら死んでもおかしくない状態だったというが、どうしてそんなことがあっても空手を続けるのだろう。

それは武道家の宿命というしかないような気がする。

門馬師範は、柔道や空手がスポーツ化してゆくことを懸念する。「柔道のカラー道着なんてありえない」と言う。「道着の白は〝死に装束〟の色なんだ」と。その精神性がないがしろにされた時、武道は崩壊し、日本人の心が欠落し、まったく別のものになってしまう。

大山総裁の座右の銘でもある、『武の道は断崖をよじ登るが如し、休むことなく精進せよ』。そして長岡藩の藩風である『常在戦場』のように、人間が強く生き抜くためには、常に死の覚悟をもっていなくてはならない。

極真空手の試合は、命のやりとりをする精神、その覚悟というものを、限りなく実践的な形で、体感させてくれる。だからこそ、日常生活においての様々な難関、有事、非常時における冷静な行動意識というものを持たせてくれるのである。

闘うことはおそろしいし、逃げ出したくなるのは人間である以上は仕方がない。また、負け続けることも苦しいし、もうやめたいと思うのも人間だから仕方がない。だが武道を志し、指導者として、その道を後進に伝えてゆこうと思えば、ただおそろしい、やめたいというだけではダメなのである。

門馬道場の門下生の方々の話を聞くにつれ、感じるのは、おそろしい、逃げ出したい、やめてしまいたいという気持ちを、継続という力で強引にでもねじ伏せることによって、その結果、得たものが生きる上での糧となっているということである。

実際、太田さんは救命士として、救急の現場で空手が役に立っているという。人の生き死にを眼前にする過酷な仕事では、極度の緊張感に襲われる。だから、軸にするものが、支えになるものがないとくじけそうになるのだというのである。

苦しさや、つらさを自分に課して、乗り越えた時、人間として成長するのが、空手の一つの顔でもあるのである。

そしてそのことが経験として後進に伝えられる。あきらめかけていた、俺にも、私にもできるかもしれないと、微かでも光を与えてくれる。

一瞬一瞬に生きるのが、武道の世界だ。一瞬で命が助かり、一瞬で命を奪われる。その一瞬の大切さに気づいた時、その人間の生き方を変え、他者にさえも影響を与え変えてしまう。もちろん、人生をより豊かにする方向に向かって、である。

俺はそんな道場を青春かけてつくりたかったわけじゃない

「俺は凡人だった」と門馬師範は言う。

空手の世界では、仕事もせず、社会経験も積まず、突き抜けた稽古をして、突き抜けた結果を残した非凡な人々がいる。それに比べれば凡人だという意味であろうが、最初からそういう生き方を選択しなかったというのが正しいだろう。

十六の齢から空手を始めて、二十代という選手としては一番体力が充実している時に、生活のために、家族のために一日十五時間、身を削って仕事に励み、その合間に空手の指導をし、国家試験を取得し、二十七歳で独立し、世間に揉まれて空手からも遠ざかったが、三十四歳で道場にカムバックした。以後、さらに空手を通して、人間のきたない部分やきれいな部分を見た時、単なる強さを求めるような、空疎な空手ではなく、生きるための空手、武道としての空手を求めたのである。そして強さだけではなく、優れた人間性をも併せ持つ、指導者になると決め、そのための道場づくりをやってきたのだった。

限られたルールの中で、勝ったから偉いとか、負けたからといって人間的にも否定され、勝ち負けだけで人間性までも判断され、強い者が威張り、弱い者は去って行くような、道場づくりなど、絶対にやらないと心に誓ったのである。

「俺はそんな道場を青春かけてつくりたかったわけじゃない。それだったら二十代で終わってますね」と師範は言った。

私は以前、門馬師範に対し、「強さを求めるのなら、世界を見渡せば自分よりも強い人間はいるだろうし、究極的なことを言えば、いくら空手の達人だって、マシンガンにはかなわないでしょう。それなのになぜ空手で強さを求めるのですか？」と、間抜けな質問をしたことがある。

逆に言うと、空手家といえば誰に勝った、負けたと強さばかりを競い合う先入観があったのでそんな質問になったわけだが、師範自身はそんな低次元な考え方とは全く無縁の、武道哲学というか、武道を実践することによる人間の正しい生き様を第一に考えて、道場を大きくしていったのである。

門馬師範は空手を武の教育としてとらえている。正しい心を伝えられてこその空手だということだ。

仕事でも空手でも何をやるにしても、眼の前の障害に対して、それすら乗り越えられない者が指導者として生きてゆけるのかを問いかける。自分の問題すら解決できない者が、人に対してまともな指導ができるのかというのである。だから指導員たちに対する言動、要求は自然と厳しくなる。

選手としてだけ生きるのであれば、ただ強くあればいいのかもしれない。だがそれでは武の道を伝えられず、結果、その人の中で終わってしまい、途絶えてしまう。

自らの肉体を通して正しい心を伝える、正しい道に導く。だが多くの人間は楽をしたい、苦しいことから逃げたいという、弱い生きものだ。一人だけでは生きてはゆけない。だから、親や先生、先輩が、背中を押して、強引に引っ張って、頬をぶってでも連れて行くのだ。

門馬功師範代はかつて、まだ子供だった時、強引に門馬師範に飛田先生の道場の稽古に連れ出された経験からこう語る。

「まあ背中を押すくらいのことでは人はついて行きませんよね。無理矢理引っ張って行くくらいでないと。こわさがないとダメなんですね。そういう意味では空手は眼で見えるし、はっきり感じますよね。力の差というものを」

そういえば昔は学校の先生でも親でも、ダメなものはダメだとビンタをされ、やらなきゃダメだと尻をひっぱたかれてやっていたような気がする。特に子供は多少おそろしい存在というものが必要な時もあるのだと、師範代の話を聞いてつくづくそう思う。

黒帯には何の価値もない

武道を志した者であれば、それが空手でも柔道でも剣道でも、段位をとるということは、一つの目標にするのではないだろうか。特に強さの象徴である黒帯というものへの憧れは大きいと思う。

高校で柔道部に入った私も、黒帯をとることを一つの目標にしたが、それは人にはあまり言えないような苦い思い出であった。他の同期の部員たちが一年くらいで次々に昇段試験に合格して黒帯をとっていくのに、私だけがとれなかった。使い込んだ黒帯がボロボロになってゆくのはカッコイイが、白帯がボロボロになるのは見れば見るほど情けなくなるものである。

あんまり試験に落ち続けるものだから、途中、くさって退部を申し出て顧問に説得されたりもした。結局私は、二年かかって黒帯をとった。その時どう思ったかといえば、続けていて良かったという気持ちでしかなかった。もし途中でやめてしまっていたら、挫折感、敗北感しか残っていなかっただろう。二年かかったことも屈辱的だったが、とれなかったとなればもっと屈辱的であったはずだ。

門馬道場とかかわり、師範と話すうちに、それまですっかり忘れてしまっていた私自身の黒帯について思い出したのだ。低次元な黒帯の話で申し訳ないが、結論としては、やっぱり〝あきらめなかった〟ことがすべてだったのである。

私の黒帯が低次元と書いたのは二年でとれたという意味である。極真空手の場合、五年や六年頑張ったところで、黒帯には手が届かないことがざらにある。十年、というのが一つの目安だろうか。口では簡単に十年と言えるが、十年間休まずつらい稽古と試合に耐え続けて取得することを思えば、空手をやらない私にだって、そのすごさはわかる。

門馬道場初期の黒帯メンバー

「俺達の若い頃は黒帯をとる目標ってのはなかったんだよなあ」と門馬師範は感慨深く言う。「入門した時はね、黒帯なんかとれるはずないと思ってた。今はとりあえず黒帯とっといてという感覚があって、それから弐段参段と上がっていく。俺たちの頃は初段とることと自体が夢のようなことだから、弐段参段なんかなりたいとも思わなかったしね。黒帯とるよりも、道場で生き残っていくことの方が必死で……でもまあ初めてもらった時は嬉しかったですよもちろん」

極真空手では大山倍達総裁亡き後、組織が分裂し、黒帯の基準も甘くなったという。昔は門馬師範の話す通り、初段をとること自体が大変なことだった。

しかし、門馬道場の黒帯は、どの黒帯門下生に聞いても、入門当初は黒帯なんてとろうとすら思っていなかったような口ぶりだった。今のところ百人に一人、つまり一パーセントというのが門馬道場における黒帯の比率であるが、だいたいの人が、そこに行き着くまでにやめていってしまうようである。

基本的には師範が昇段試験を受けるに値する門下生かどうかを見極め、それによって審査を許可するのだが、門馬道場においては他の極真空手の道場よりもかなり厳しく、週四回の稽古で十年たってやっと審査を受けられる者はざらにいるのである。

指導員の佐藤明浩さん（現在初段）は入門当初緑帯でやめようと思い、茶帯などは神様に見えたと言うし、門馬功師範代（現在は参段）は、目標とするなら手が届くということが前提になるが、目標どころか夢を超している存在であったので、とれるとは思わなかったという。

また、菜穂子さん（現在は弐段）は家族に黒帯をとるまでは空手を頑張らせて欲しいと言って一つの目標にしていたし、井上さん（現在弐段）は雲の上よりも上で見ることすらできない存在だと黒帯を評した。

門馬道場の中でも異色なのは太田さん（現在弐段）だろうか。彼はもともとフルコンタクトではない他流派で空手をやっていて、四段を取得していたにもかかわらず、極真空手を志して入門し直した。もちろんその時は黒帯を返上し、白帯からのスタートだった。

太田さんは初めて門馬道場に行って稽古をした時のことを鮮烈に憶えている。

「未だに笑い話なんですけど、道場破りが来たなんて白帯の人らにふざけて言われたんです。こっちも緊張してますからね。直接打撃（フルコンタクト）ということで、やったことのない世界なんで。経験者ということで稽古にまぜてもらって、組手もやったんですけど、当時、白、青、黄色で五級、六級くらいのとか、緑帯もいましたけど、もうボコボコに身体中やられて……スピードには自信あったんですけど、スタミナもなくて、やられましたね。そういう世界は凄いなと思いました。次の朝身体中痛くて起きられなくて」

断っておくと太田さんは大柄でガッシリしていて、ふだんは職務質問を受けるほど見た目もなかなかいかつい感じであるが、他流派とはいえ四段のその彼が、五、六級の門下生に一方的にやられたのである。いかに極真空手が強いかがわかる逸話だ。

一方で、黒帯の昇段を拒否した門下生もいる。看護師の加藤久美子さん（現在初段）である。前にも書いたが、空手は押忍の世界である。師範が初段の審査を受けろと言われれば、内心はどうあれ「押忍」と答えなければならない。だが彼女は二、三回、それを断ったのである。

「〈無理です〉って言うんだよ。こっちは〈はあ?!〉って。〈何だ無理ってのは〉って。押忍の世界ですからねえ。で、怒ったんだよ。ビックリしましたよ」と師範。

久美子さんが断った理由は二つあった。まず、まだ空手を始めて七年目で早いと思ったこと。そして、二つ目には看護師という職分上、指導員としての立場を維持できないと判断したことだった。

ちなみに久美子さんは空手の稽古はきついが、苦にならず、楽しいとまで言い切る稀有な人間である。特に組手が大好きで、準優勝していても「勝てなくなって」と言う女性である。そこまで空手を愛するがゆえに、かえって責任を全うできない自分自身に納得がいかなかったのだろう。

そういえば、黒帯の門下生の皆さんは、一様に、黒帯の重みや責任を感じるとか、変な真似はできないとか、黒帯をとることで、かなり厳しい自覚を持っている。奈美子さんなどは、自分などが先輩になるのが恐れ多いと、級が上がるのさえ抵抗があったという。

門馬師範がよく言う言葉に、「黒帯が居心地の良い道場にはしたくない」というものがあるが、門馬道場の門下生にとっては、昇段する喜びより、昇段することによる責任、プレッシャーの方が大きく、それは門馬功師範代が言うところの〝門馬道場の黒帯はあんなものかと言われたら、自分の親をバカにされるようなもの〟という言葉に象徴されている。

また、指導員の山名愼一郎さん(現在弐段)は、同じ極真空手でも別の派閥に所属していたが、菜穂子さんと結婚するにあたり、門馬道場に移籍した経歴の持ち主である。初めて門馬道場での稽古の際、「本部の稽古に来て」と軽く言う菜穂子奥様に対し、「他の道場の人間が黒帯を締めて行くということがどういうことかわかってんのか？」と思わず言ったという。

太田さんが入門した際のエピソードを読んでわかってもらえたかと思うが、他流派でもそういう状態なのに、分裂した極真の道場から来た黒帯がどんなことになってしまうのかと、緊張感は相当なものだったようである。幸いにして、門馬道場においてはそういった乱暴なことはないが、他の極真の道場においては多々あるのだろう。

つまり、黒帯というのは、いろんな意味で責任のある、重い帯なのである。

さて、家族に黒帯をとるまでは頑張ると言って、黒帯を取得した菜穂子さんだが、その際、審査をしてもらった小野寺師範の言葉が忘れられないという。

「昇段審査を終えて黒帯を締めた時に、小野寺師範から、〈この黒帯には価値はない〉と言われたんですよね。今一生懸命十人組手をやって、ありがとうございましたって締めた帯だったんですけど、最初ガックリきちゃって、価値がないとはどういうことなんだろうと思ってたら、それは〈この黒帯自体には価値がない。締める人によって価値が決まる〉と言われて、ちゃんと稽古もしない何もしないような者が締める黒帯は、何の意味もないと。その価値を決めるのは、これからのお前たちの修行だということだったんですね」

それは黒帯をとったことによる驕りや油断を戒めるために発せられた言葉だろう。初段をとって初めて本当の武道の修行が始まるというわけだが、死ぬ思いをして乗り越えてきたところでまた一から始まるというのは、本当に果てしない。常人なら聞くだけでやめたくなると思う。

五段の帯はかっこわるい

門馬師範は現在五段だが、緑帯の頃、審査に二度、落ちている。初めて聞く門下生なら驚くべきことではないだろうか。実際、私も驚いた。「え？　師範が？　嘘でしょ」と。ちなみに現在の門馬道場では昇級、昇段試験においては、〝保留〟や〝預かり〟はあるが、〝不合格〟はない。

不運が二つ、あった。一つは当時の極真の道場は型を全く重視していなかったが、たまたま門馬師範が受けた時にかぎって、審査をする師範に型を重要視する人がゲストで来たことと、門馬師範は上段蹴りを得意としていたのに、その師範は上段蹴りが嫌いな人であったことだった。

最も大きい原因は〝型〟にあった。今さらだが、空手には組手と型があって、組手は実戦的に相手と自由に闘うわけだが、型というのは敵を想定しながらあらかじめ決められた技の流れを実演するものである。技の正確さ、切れ、間、気魄など、そのすべてが一体とならないと決まらない。

余談だが、極真空手がケンカ空手と呼ばれているように、実戦空手が当時の通念であり、型はそれほど重要視されていなかった。ただ、大山総裁自身は型というものを非常に重んじて、〝空手の生命線〟だとまで言い、師範の話では、大山総裁は世界大会前に、組手に出場するメンバーを集めて、延々と型の稽古をやっていたという。

型はウエイトトレーニングと同じように、組手を強くするための一要素だと師範は言う。また、型で世界チャンピオンになった実績を持つ菜穂子さんによれば、「型と組手とどっちもやっていることで相乗効果が生まれる」という話であった。型のチャンピオンと呼ばれながらも、ふだんの稽古の八割は組手の稽古であり、型の稽古だけをやっていては勝てなかっただろうと。

門馬師範の、審査会の話に戻る。

十八歳の時、入門した極真の道場では、昇級審査で落ちる門下生はほぼいなかった。受ければ合格という状態だった。ところが師範が緑帯を受けた二回とも、前述した型に造詣の深い師範がゲスト審査員として来た。

当時は試験前日に、試験に出る型だけを稽古していた。審査会当日、その一夜漬けの型をやったのだが、案の定、その型が非常に下手だというので、そのゲストの師範が、違う型をやるように命じたのだった。当然、違う型など憶えていないのでうまくできるはずもなく、その時の緑帯の受審者はほとんど落とされてしまったのだった。その上、組手の際、上段蹴りで相手を倒したら、「実戦で上段など使えない」と言われ、ビンタまで張られたという。

「不合格ですよ。なかなか不合格なんていませんからね。保留とか預かりはありますけど、不合格なんて出さないですよ。色帯の三級くらいで落ちちゃったんですから」

その時はショックでしたか？　と訊けば、実感を込めて、

「ショック……そりゃあショックですよ。やめようと思いましたよ」と、師範は言った。

実は、師範は、極真会の最初の審査会で、八、七、六級を飛び越して、一気に五級に昇級していた。それは極真に入門する前に、飛田先生の道場で黒帯をとっていたからだ。だからよけいに悔しかったのだろう。

今でこそ黒帯をとった門下生の方々は、昇段審査における連続組手の緊張感やおそろしさを語るわけだが、師範の頃は型が鬼門だったのである。逆に審査の組手は楽だったという。なぜなら、初段の十人組手など、当時は日常の稽古でやっていたからだった。

「昔は先輩なんか後輩が倒れるまでやりますからね。一人につき五分以上、それを三十分も四十分も続けてやるんですから」

だが、後に師範が苦手だった型で、岩崎菜穂子を型の世界チャンピオンに育て上げ、その型の演武を披露したきっかけで、「お前型うめえな」と、小野寺師範との師弟関係が生まれ、そして現在では大石師範からも型の稽古をちゃんとしている道場として認めてもらっている。

段位は、その道場の責任者である師範の裁量次第である。だから、師範がある日、「お前初段な。黒帯締めろ」と言われれば、「押忍」ということになって、その日から初段になることも可能なのである。

門馬師範が最初に入門した極真の道場の師範から、三段をもらったのも、その〝裁量〟

でだった。当時そういった門下生も数名いたというが、門馬師範だけは、実力でとりたいと申し出て、その道場と懇意にしている他県の道場で昇段審査を受け、三段を取得したのだった。

極真空手の黒帯は、段の数だけ金の線が入る。初段は一本、弐段は二本といったように、昇段する度に一本ずつ金線が増えていく。門馬師範が参段を受審した当時は、極真は分裂に分裂を重ね、離合集散の繰り返しだった。

参段を受審して五年ほど経ったある日、門馬師範は小野寺師範を始め当時の周辺の師範から組織のバランスを考慮し、四段になってくれと言われ、渋々四段を受審した。金線の四本入った帯を頂いたが、その帯を門馬師範は締めなかった。

門馬師範が極真に入門した当時、三段とか四段といえば世界中に名が知れ渡るほどのスーパースターばかりだった。その強烈なイメージがあるので、その帯を誰でもが締

五段の帯を締めて大石最高師範と

めるようになったことに師範は抵抗があったのである。

ところが、である。四段受審後、更に五年ほど経った二〇〇九年四月、またしても小野寺師範から、

「トモ、組織のためだ。お前は五段になって師範になれ」と言われてしまった。この時はさすがに断ったが、最終的には受審させられたのだった。

「大山総裁が亡くなって、雨後のタケノコみたいに金線いっぱい入った人が出て来て、誰だおめえって人がいっぱいいるわけですよ。五本あっけど誰だ？　知らねえぞ、みたいな。まあ分裂したから仕方ないといえば仕方ないんでしょうけど。それが非常に嫌だった。金線が五本あるけど誰だあれという一員になりたくなかった」

門馬師範にしてみれば、実力は参段までという考えもあり、五段など引退した人のようで嫌だったのである。

というわけで、師範はまたしても、五段の帯を締めなかった。

ただ、師範にとって、五段は別の意味で思い入れがある帯である。小野寺師範のもとで五段の審査を受けて取得したわけだが、その際、段位を証明する昇段状に貼る顔写真を送るはずだった。ところが第一章でも書いたが、小野寺師範の静岡県大会のドタキャンで少しイジけていた門馬師範は、しばらく写真を送らなかった。そしてそのまま小野寺師範は急逝してしまい、結局師が亡くなってから小野寺師範の奥さんに写真を渡し、奥さんから五段の昇段状をもらうことになったのである。

「うちの人ねえ、写真が来ないって心配してたのよ」と奥さんから言われ、なぜ小野寺師

範の手からもらわなかったのかと、師範は今でも後悔しているという。

「だから五段には思い入れがすごくありますよね」

そういうこともいろいろ含めてのことだろうが、それでも五段の帯を締めるのは気がひけた。五月十七日に小野寺師範が亡くなって、一ヶ月くらい経った六月のある日、大石師範と静岡の大石道場において二人きりで稽古した際、五段の帯を締めていないことで怒れたのだった。

「小野寺の気持ちをわかってやれよ。ダメだ五段の帯ちゃんとしないと」と言われ、大石師範は門馬師範に五段の帯をもう一本プレゼントしてくれたのである。その後は小野寺師範から授かった帯と大石師範から授かった帯と、二本の帯をできるだけ締めるようにしているのだという。

「今では五段の黒帯は宝物です」と門馬師範は言う。師範の場合は最初に飛田先生から黒帯を授かり、色々な紆余曲折があって小野寺師範や大石師範から授かった経緯を思えば、「黒帯は宝物だ」というその言葉は重い。

白い壁

みんな強くなるために厳しい稽古を重ね、試合や昇級、昇段にチャレンジするのだが、空手は野球や陸上選手のように数字で成長をはかることができない。負け続けていればいつ勝つのかもわからないし、まして精神力や人間性ともなると、果たして強くなっているのか、成長しているのか皆目わからないというのが実情ではないだろうか。

稽古を続けていて、いったいいつになったら自分が強くなったと自覚できるのか、明日なのか十年後なのか、それは誰にもわからない。本人がはっきりと実感するのを待つしかない。これは空手に限らず、成長を実感するために、忍耐強く続けていくより他に近道はないのである。

自身の経験を通して菜穂子さんは言う。

「もともと私の中で空手＝精神修行と思えなかったんですね。空手をやっているから心が強くなると、子供たちにも言えなかったんです。だけど、自分が黒帯をしめて、十年という節日がたった時に、確実に十年前の自分と今の自分は違うなって感じました。その時初めて空手をやって自分は強くなったって思えたんですよね。十年という一つの区切りを達成した時に、人は強くなれるんじゃないかなって。

だから子供たちにはそういう部分で話ができるようにはなりました。子供たちには、空手をやってすぐに心が強くはならないけど、続けて行く中で確実に変わっていけるって。それが空手だよって言ってあげられるんです」

それにしても、である。繰り返しになるが、いったい何だって稽古とか試合とか、こんなにも苦しい思いをしてやらなければならないのか。門下生の皆さんは一心不乱に疑いもなくやっているのか。いや、内心は疑っているのかもしれないが、それを表に出さず、「押忍押忍」と言ってやっているのか。

門馬師範に言わせればそんなしょうもないことをあれこれ考える前に稽古やって試合に出ろという論法になるのだろうが、私のような凡夫にはあらためて気になってしまう。

そこであらためて「なぜ苦しい思いをして空手をやるんでしょう？」と門馬師範に訊いてみた。

「空手は好きは好きなんでしょみんな。じゃ何が好きなのっていうと、試合は嫌いだと思うし、稽古もつらいんで嫌いだと思うんですよ。じゃ何が好きなの？　っていうと、あと何がある？　好きな理由って。だって稽古は嫌いだし、試合はもっと嫌いだからね、みんな。

だからまあ、稽古終わった後の充足感。試合が終わった後の充足感。まあそういうことかな。だから、正しくは空手じゃないかもしれないね。空手を終わった後の充足感だから。だって楽しいことないんだもん別に。つらい、痛い、きつい。それが好きだって言ったらアホでしょ。そりゃ乗り越えた時の達成感とか充足感だろうねえ」

若き日の師範は、そのあたりどうだったんですか？　と訊くと、そこで成長に対するヒントみたいなものを語ってもらった。

「強くなっていったのが自分でわかったからね。結局俺たちは階段みたいに一段一段昇っていくんじゃないんですよね。ズーッと変わんなくてポンと変わる。あれ？　って。俺って強くなった？　って。突然にわかる。どのタイミングかはわかんない。一年後か三年後か五年後か十年後か。

だから日々、昨日より今日、今日より来週っていう状況ではわからない。両側に真っ白い壁がズーッと続いてて、歩いても歩いても景色が変わらない。壁しか見えない。たまたまある曲がり角をフッと曲がったら、一気に景色が変わって道が拓けたみたいにね。そんな感じですよ。今自分がどこにいるのかもわからない。その曲がり角がいつ来るのかもわからない。あるのかないのかもわからない。ただズーッとひたすら歩いて行くしかない。

階段昇っててちょっとずつちょっとずつ景色が見えてきたっていうんじゃなくて、平らな道で真っ白な壁が続く何もないところを歩いて来て、曲がった瞬間にパアッと拓ける感じですね。〈アアッ〉って。拓けたところが田んぼだったらまた田んぼが延々と続くみたいな。田んぼが終わったら山道が続くみたいなね」

結論としてはやっぱり続けるしかないということか。あきらめないという地点に、どうしても戻って来てしまう。それ以上でも以下でもない。人間だからいつまで続ければ進歩するのだろうとか、成果があがるんだろうとか、つい、先のことを考えがちである。しかし、師範と話をしていて思ったのは、先のことを考えるなということであった。先のことなんて誰にもわからないし、考えたところでどうにかなるものでもない。

だから、地道に稽古に勤しみ、試合に挑む、その一瞬一瞬を積み重ねてゆくよりほかに強くなる方法はないのである。

つまりは、〝あきらめない〟の六文字に尽きるとしか言いようがない。

第五章　向き合う

この子を何とかしなくちゃなんねえ

現在、門馬道場の門下生は八百数十人いる。そのうち子供の数が七割だというから、門馬師範や指導員は自然と子供とかかわる時間が多くなってゆく。

子供が多いということは、当然その保護者とのかかわりも増えてくるわけだが、数が多いと様々な問題が起きるのも事実である。

日々そうした現場の問題と向き合って主に対処するのが職員でもある菜穂子さんである。

取材のために矢吹町に滞在していたある日、菜穂子さんがホテルに迎えに来るという時間に出て行くと、駐車場に車は着いているものの、菜穂子さんは車内にいて携帯電話で話している姿が車窓越しに見えた。長い電話で、しかも時おり涙を拭っている。電話が終わってから訊けば、道場生の子供の間で少しトラブルが起きて、心配したお母さんが電話をかけてきたのだという。

ちなみに菜穂子さんは涙もろい。誰かが泣けば必ずもらい泣きをする。相当感受性が鋭く、しかも自身も言っているように完璧主義者だ。世界大会で優勝するほどの型の完成度の高さというのは、そうした性格も寄与しているのだろう。涙もろくて完璧主義者とくれば、当然のように門下生の子供や親御さんたちの悩みの相談をすべて引き受けてしまう。

「耳に入ってくると何かこう、解決しなきゃって思うんですよね」と菜穂子さん。

一切聞き流すことなく、しかも空手だけでなく、プライベートの悩みまで引き受けてしまうものだから、師範はそれを心配し、注意する。

「その人の悩みまで背負っちゃったり、その人の家庭の問題まで自分で考えちゃったり。それはそれでいいんですけど、何百人門弟がいるの？　って、お前の下にって。あいつはだから精神的にまいっちゃった時期があったんですよ。背負い過ぎて。いや、そういうのやっちゃダメだっていうんじゃないですよ。俺たちだってそりゃ人間なんだから、踏み込む場合もあるし、情があれば、相談にのってあげるし、そりゃやりますけど、彼女の場合には、やるなって言っとかなきゃダメなんですよ。いい塩梅というのがわからない、あいつには。やるなって言って

子供たちの稽古風景

ちょうどいいくらいです」

そういう菜穂子さんだから相談する方も頼って次々にやって来る。だが、あくまで師範は菜穂子さんの身体を心配して言っているのであって、相談にのることそのものがダメだとは言わない。それどころか、師範は自分自身がそうさせてしまっていると、しみじみ言うのである。

「まあ俺がそういうことやって来たからね……あいつは俺のそういうとこ見てきてるから……もともと俺と似てんだろうねえ、あいつは」

その言葉通り、師範もこれまでに数多くの門下生の子供たちとかかわり、真剣に向き合ってきた。


門馬師範が三十四歳で空手の世界に戻り、道場で再び教えるようになって、驚いたことがあった。それは、以前の極真の道場といえば、ケンカ空手であり、ただ強くなりたいという大人ばかりの男臭い場所であったのが、いつしか子供が数多く入門してくるようになり、道場そのものの形が変わりつつあるということだった。その時はもう、ただ強くなりたいという時代は終わっていたのである。

そんな時、師範には思い出すことがあった。二十二歳の頃、任された道場で教えていた時、お母さんが一人の子供を連れて来た。当時は子供の入門者はめずらしかったが、その子は極端に落ち着きがなく、学校生活にも問題があり、それをお母さんは思い悩み、何とかしてやりたい一心で入門してきたのだった。師範にしてみれば子供はもともと好きではなく、「うわ、まいったなあ」というのが本音だったが、預かった以上仕方ないと思って教え始め、お母さんは座って稽古の様子を見学していた。

ある日、その子が稽古中に小便を漏らしてしまった。床に小便が溜まり、師範はそれを見てすぐに漏らしたことがわかったので、突然稽古を中断させ、他の門下生には正座して黙想しろと命じた。その間に師範は雑巾を持って来て床を拭いて、別の指導員に着替えさせて、元の位置に戻した。それから何事もなかったように稽古を再開したのである。その際師範がふとお母さんの方を見ると、涙を流して泣いていたのだという。

「なんかその時にねえ、思っちゃったんですよ。俺がこの子を何とかしなくちゃなんねえっていうのを。こういう子らを何とかしなくちゃなんねえんだなっていう、自分の信念みたいなのがね。子供は好きではなかったけど、この子は好きになりました。この子だけはね」と言って師範は笑った。

一般に、子供が好きだと言うと、無条件にいい人になってしまうところがあるが、実はそんなことはどうでもいいことであって、大人として一番大事なのは、子供が好きということではなく、子供が困った時に何をしてやれるのかということなのである。

小学高学年の、いじめられている男の子が入門してきた。彼は真面目に空手に取り組み、一生懸命頑張って稽古を続けていた。ところがある日、お母さんの車で道場には来るが、車から降りない、道場に行きたくない状況になってしまった。

門馬師範がお母さんから事情を訊くと、どうやら彼をいじめていた同じクラスの子が入門してきたせいだという。それだけではなく、いじめていた子は彼の耳許で、「お前いつかズタズタにしてやるぞ」と囁いたというのだった。それで彼は怯え切ってしまい、車から降りられなくなってしまったのだった。

そこで師範がどうしたかといえば、「組手をやらせろ」と、二人を対戦させ、最後は握手をさせたというのだった。力でいえば当然いじめられていた彼の方が強いとわかってい た。やれば力関係がわかって、二度と手を出さないだろうし、いじめというものがいかに卑劣なことであるかを、身をもって知るだろうという師範の配慮だった。

道場生だけではない。門馬道場の矢吹地区の後援会会長、仁井田一さんは、知人が息子の家庭内暴力に悩み、相談された時、当事者の父子を門馬道場に呼んだ。そこで二人に防具をつけさせ、門馬師範の立ち会いのもと、対戦させたのだという。

本気になってやって、父親の方が強いとわかった後、さらに今度は師範が息子の相手になって組手をやった。当然のことだが、手加減しながらでも三分ももたなかった。

「その時息子はワンワン泣いちゃってね。〈お父さんはがまんしてるだけで、やってわかったばい？　勝てねえべ？〉と。〈師範はもっと強いだろ？〉って。大人って強いんだぞって言いましたけど」と仁井田さん。

時に子供は大人が身を呈してわからせないと、本当にわからないこともあるのである。

殴っちゃえ

A君は一度も稽古を休まない中学生の門下生だった。ところがある時、実はA君が不登校児だと門馬師範は知ったのだった。彼は、靴に画鋲を入れられたり、自転車のタイヤを切られたりして、いじめにあっていたのである。それで強くなりたいと空手を習いに来たのだった。師範がその事実を知ったのは、彼が入門して一年もたってからのことだった。「今日お前の部屋に遊びに行っていいか？」と師範は稽古終わりにA君に言った。A君は何で急にと不審がりながらも、受け入れた。

師範はまずA君の両親と話をした。詳細は書かないが、師範はそこで明らかに二人の話に違和感を感じて、それではAがかわいそうだと感じたという。その後でA君の部屋で二人きりで話をすると、お父さんもお母さんも先生も誰も助けてくれない、関心を示さないと彼は訴えた。

「そういう大人の反応で、Aが壊れたっていうかね。自分の目線に下りて来てくれない。何か、大人って一言で片づけようとするでしょ。我慢しろとか、こうしろああしろって……で、わかったと。俺がその時解決する方法としては、〈とにかく学校に行け。お前が高校生になったら絶対に俺が高校生チャンピオンにしてあげるから〉と。〈その代わり学校に行け。中学校に行かなきゃお前高校に行けねえぞ。高校に行かなかったら高校生チャンピオンにもなれないだろうが〉って」

と、ここまではフンフンなるほどと私は師範の言うことを聞いていたのだが、次の言葉には耳を疑った。

「どうせお前学校に行ってねえんなら、自転車置き場に行って待ち伏せして、いじめてる悪いやつが来たら殴っちゃえ」

と、言ったというのである。もしそれが問題になるのだったら、師範と両親とで相手の家や学校に一緒に行って、謝ってやるからと。

「いいんですか殴って」と言うAに、「殴っていいよ」と師範は答え、ただ殴るのはお腹とか足にしろと言って、殴り方を教えたのだった。

それを聞いて驚いたのはお父さんとお母さんだった。それはそうだろう。ただでさえ問題を抱えているのに、その上そんなことをすればよけいにこじれると思ったに違いない。当然お父さんなどは「暴力はいけない」と猛反対したが、師範は、「その暴力をAは受けているんですよ」と言って説得し、最後はお父さんも「殴っていい」と承知してくれたのだった。

結果的にはA君は殴らなかった。だがそれを機に中学校には通うようになって、高校にも進学したのだった。約束した高校生チャンピオンにはなれなかったが、準優勝を何度かするほど強くなったのである。

師範の言葉は、いつもそうだが、抽象的ではなく、具体的で、現実的である。具体的にイメージできるから聞く方も納得するのである。

この原稿を書いている最中にも、中学二年の男子生徒がいじめを苦にして自殺したことが大きなニュースとして連日ワイドショーなどで取り上げられている。いや、こうした事件を私たちはずっと見てきて、何とかしないといけないと口では言いつつ、大人として、何の対処もできていないことに愕然となってしまう。

ここまでくると、かわいそうだなどという同情心などは何の役にも立たない。かわいそうにと軽々に言う大人は、かわいそうだと言うことで、自分自身を正当化しようとしているにすぎない。

また、こういう事件が起きるとすぐに学校長などは、命の尊さを知って欲しいなどと子供たちに訴えるが、それも全く意味のないことだ。現実に陰惨ないじめは後をたたないのだから、それはもうその場しのぎの言葉としか言いようがない。いじめから子供を守れないような、信用のならない人間の発する言葉を誰が信じるというのだろうか。

「Aが言いたかったのはね、お父さんやお母さんが、何で学校に行かないのとか、何で私がこんなに一生懸命に心配してあげてんのにとか、あれをしてるこれをしてる心配してるって、大人はみんな言うけど、俺の状況は何も変わんないじゃないか、だったら何もしてないのと一緒でしょと。まあ大きかったよね、その一言が。俺の環境は何も変わってない。俺の状況は何も変わってない。あなた方が心配していようがいまいが一緒じゃないかっていう言い分でしたね。

親もしてるつもり、学校の先生もしてるつもり。大人は心配してるつもり。でも私は何も変わってません。自分で打破しようとしても、あれすんなこれすんな、あれやっちゃダメだってなるでしょ。子供からすればじゃどうすんの？　って話ですよね。結局〈殴っちゃえ〉っていうのが一番あいつの心に響いたのかもしれないですね。お父さんもお母さんも許してくれたし。あれは正直ビックリでしたよ俺も」

子供は純粋だから、大人たちの欺瞞を本能的に見破ってしまう。事なかれ主義で、表面だけを取り繕って、言ってますやってますと親面、先生面をされたところで、子供が変わらなければやっていないことと同じなのである。

それを大人は都合が悪くなると子供のせいにする。これだけ言ってても言うことをきかないのは子供が悪いんだと。自分の責任逃れの口実に、子供をつかう。要はすべて他人事なのだ。これは大人の横暴であり、真綿で締め上げるような、間接的で陰湿な児童虐待といえるのではないだろうか。

私は、A君に「殴っちゃえ」と言って、両親を説得した門馬師範の言動に、いじめを解決するための、大きなヒントが隠されているように感じる。そこにはやはり、大人が身を呈してでも子供を守ってやるんだという覚悟、姿勢がある。このように信頼できる大人が身近にいると感じさせることが、いじめやひきこもりを防ぐ第一歩なのではないだろうか。

現実に、「殴っちゃえ」という師範の一言がA君を変えたのである。学校にも通うようになった。いや、何もその言葉一つだけが彼の心を動かしたのではない。前提として、彼は空手の稽古を一生懸命にやっていた。その中で、師範の言動を見て、信頼できる大人だと感じていたに違いない。信頼できる大人に背中を押してもらい、引っ張ってもらえれば、子供は自ずとやる気を起こすものなのだろう。

俺の前にいるのが本当のあいつなんだ

小学六年生の、問題児がいた。B君としておこう。彼はクラス閉鎖になるほどの乱暴な子供だった。先生を殴る、クラスメートを蹴って前歯を折る、先生がノイローゼになってしまい、授業がたちゆかなくなってしまう。

たまたま、門馬師範の息子さんと、B君が同級生だった。ある時、師範が息子さんから、B君を助けてやってくれないかと頼まれた。「じゃあ飯でも一緒に食うか」と、師範は奥さんに弁当を作ってもらい、B君を誘って息子さんも一緒に公園で一日遊んだ。「（B君の）話聞いたら、いい子なんだよ結構。一緒に昼飯食って、夕方になってレストランでスパゲティ食って、道場に行ってミット蹴ったりして遊んで。〈空手やっかあ?〉て訊いたら〈やりたい〉って」と師範。

B君の家庭環境は複雑だった。経済的にも余裕がないので、師範は月謝をとらないで彼に空手を学ばせることにした。本当はもう少しタイミングが遅ければ、施設に送られるところだった。懇意にしていた教育長が「門馬先生が預かってくれるのなら」ということで、道場に通うようになったのである。

稽古を始めて三ヶ月くらいたったある日、校長先生から師範に電話があった。B君がクラスメートを殴ったという。

「やっぱりダメだったですねあの子。無理だったですね」と言われ、その場は謝ってすませた師範だったが、ちょっと待てよ、学校で起きていることなのに俺のせいなのか？　と納得がいかなくなり、教育長に連絡を入れて、一緒に学校へと出向いたのだった。

確かに自分たちがB君を投げ出しておいて、「やっぱりダメだったですね」なんて言う教育者もどうかしていると思うが、その裏には最初から誰がやったって同じことだという、あきらめが感じられる。こんな学校では子供もかわいそうな気がする。

まずは同席した学年主任に師範が事情を訊くと、掃除の時間に掃除をやらない子がいたのでB君が注意したところ口論になり、殴ってしまったというのである。

確かに殴ったのはB君が悪いが、それを預けた道場のせいにするのはどういう了見だと師範は食い下がった。そもそも掃除中なら学校や先生にも責任があるだろうし、何より一方的にB君が悪いと言うところに納得がいかなかった。

話がなかなか噛み合ず、師範はその足で役場の学校教育課に行ったのだが、ここでも一方的にB君の問題点ばかりを指摘されたのだった。

「いい子だよ、この子」って、堪らず師範は言った。だが、その時同席した担当課長が、「B君は、門馬先生の前で猫かぶってるんですよ」と言うのだった。「私らの前にいる彼とは違いますから」と。

それを聞いた師範はカチンときた。

「あんたBと何回しゃべったんだって訊いたんです。そしたら私たちは何回もしゃべっていると言うわけ。じゃ何回だって訊いたら、四、五回なんだ。一緒に話したのがね。で、一回何分しゃべったんだって言ったら、十五分くらいだって。ということは全部で一時間半くらいなんですよ、せいぜい。俺はBと、公園に二回行ってるから十六時間しゃべってるんです。その後も道場でしょっちゅう一緒にいるから、もう何十時間も一緒にずっといるわけですよ。〈何十時間も一緒にいる俺の前で猫かぶって、あんたらの前で一時間半しゃべったのがBの本性なの？　それって逆じゃない？〉って言ったんです。俺の前ではBは本性をあらわしてくれたと思うから、〈俺の前にいるのが本当のあいつなんだ。あんたらの前では素直になれねえんだ〉って。自分の考えを言ってみろって知らねえオヤジに突っ込まれて、たった十五分でしゃべれますかって。あなただったらしゃべれますかって。役場の担当課長とケンカになってね」

師範は怒りを滲ませて言う。尤も、教育長は味方をしてくれ、庇ってくれる教育委員会の人もいたというが、教育については別の章でもふれるが、こうしたところに今日の教育の根本的な間違い、歪みがあるのだと感じる。

子供の顔をまともに見ようともせず、子供の言葉に耳を傾けようともせず、上からの目線で、機械的に、マニュアル的に、時間を割いてやってやったという自己満足だけで終わってしまっている。子供の深い心の傷を、何一つ理解しようとも、寄り添おうともしない。

そうした教育関係者の頭の中にあるのは、上からの方針に対する対応をしたという既成事実が欲しいのと、何とかその場の時間をやり過ごそうとしていることだけだ。

最近の十代の子が重罪を冒すと、根本的な問題には眼を向けずに、やれネットのせいだ、家庭の問題だ、学校が悪いと他人事のように騒いでいるが、これはもっと我々大人の全体の問題ではないのか。組織、システムの問題などではなく、子供に向き合おうとしない、大人一人一人の心の問題だ。

その後B君は再び人を殴る事件を起こしてしまい、「やっぱり空手をやっているからだ」と言われて師範は謝ったり、何度も話し合いをしながらも何とか小学校と中学校は無事に卒業したのだが、母親が強引に空手を辞めさせてしまった。月謝はいらないというのに、B君は空手を続けたかったのに、である。せっかく入った高校も三ヶ月で退学になったのだという。

「いい奴だったんですけどねえ。母親があれでは、なかなか助けてあげられない……」と師範は言った。

他にも道場の空手の月謝を盗んでいた子もいたという。母親を呼んで話をしようとしたのだがダメだった。俺たちでちゃんと面倒みてやろうと師範らがかわいがっていた子だったのだが、母親がヒステリックに喚き散らしたあげく、辞めさせてしまったのである。その後その子は犯罪を犯して少年院に送られたのだという。

「かわいそうにねえ……大人の対応だと思いますね。みんな助けられたのにね……」

ポツリともらす師範の言葉にやり切れなさを感じる。師範がそんな子供たちを語る時、自分の物語としてではなく、彼らの物語として語る。その種の話を教育者と呼ばれる人たちがする時、ともすれば武勇伝や自慢話めいたことになってしまいがちだが、師範の場合はそれが一切感じられず、その時の気持ちのままに悔しさをにじませて語る。一人前にしてあげられなかったという悔恨を一生背負うような倦怠感、そんな雰囲気さえ漂わせている。

先生ですら拒絶し、捨て去ろうとするような子のことを真剣に思って、かかわりを持つことを拒否したいなら簡単にできてしまう子なのに、師範はわざわざ彼らの目線にまで下りて行って、身をはって引っ張りあげようとする。

師範がもし、義務や職分みたいなことだけで子供たちのことを考えているとすれば、こうした行動は起こさないだろう。師範はただ純粋に、人間として捨ててはおけないと心から感じて、同時にじゃこうするかと即座に動いているだけなのである。

利害や私心を全く待たないで、後先考えないで、その人間のために動くという、師範の根底には、常に自分を二番目に置いて、世のため人のために尽くす奉仕の心、世界から尊敬される『武道精神』があるのである。

師範、うちの子を殺す気ですか？

前出の門馬道場の門下生、大住柊太君の兄、敬弥君はいじめられっこだった。ランドセルに砂一杯詰められ帰って来るなど、幼稚園の頃から高校までずっと、いじめというか、からかいの対象になっていたという。

もともとお母さんの由香里さんは、長男の敬弥君に空手を始めさせようと道場に連れて来たのだが、結局彼はできないと言い、同行した敬弥君の姉がやりたいと言い出して始めて、その後に弟である柊太君も始めたという経緯があった。

やがて敬弥君も小学校五年の時に空手を始めることとなるのだが、そのきっかけが変わっているというか、おそらく後にも先にも彼だけしかないというようなきっかけだった。

「長男が五年生の時、二人（姉と弟の柊太）を私が道場に送迎している間、自分が一人で留守番してるんですけど、お化けがこわいって……後々知ったんですけど、彼が空手を始めたきっかけが一人でいるのがこわかったって。すごく不純な動機なんですけど」と言って由香里さんは笑う。

敬弥君は弱かった。人の眼さえまともに見られないほどで、空手に取り組む姿勢も真剣ではないし、目標もなくただ道場に通うという感じで大会にも殆ど出なかった。

その彼が高校三年の時、自衛隊を受験すると決めた頃、門馬師範が、

「自分が強くなくて国を守れないべ。ここ踏ん張って、県大会に出ろ」

と命じたのである。由香里さんは、青帯で、しかも試合歴もろくにない敬弥君を県大会に出すなんてとんでもない、師範はいじわるだと思ったという。

〝師範はうちの息子を殺す気かいな〟と。

その時のやりとりを師範も憶えている。

「〈何言ってんですか師範。敬弥殺されちゃいます〉って言われたけど、〈大丈夫、死なないからって〉って言って。〈エー、エーッ、エーッ！〉みたいな感じでね。〈大丈夫だっ

て。だから稽古するんでしょ〉って」

何をそんなにお母さんは驚き、怯えているのだろうかと思われるかもしれないが、思い出して頂きたい。指導員の太田さんが全日本入賞者の上段蹴りをまともに受けて記憶を失ったくだりを。いや、それよりももっと力の差がある勝負になるかもしれないと、お母さんは心配したのである。

だが、空手の世界は押忍の世界である。それに、師範自身、敬弥君がそれだけのポテンシャル、パワーを実は秘めていると見抜いていた上で、出場を命じたのである。

「自衛隊に行って空手やめちゃうんだなって思ったからね。けじめだけはつけさせたかったっていうのかな。フェイドアウトして欲しくなかったたっていうのがありますよね。何となく終わっちゃったたっていうよりは、空手でこういうことを経験してつかんだっていうね」

それから大会までの二ヶ月ほどの間、猛特訓が毎日続けられた。師範の特訓は当然だが、弟の柊太君も、兄を試合でボコボコにされたくない一心で、いい試合をさせるために、一緒になって特訓をした。構え方とか初歩的なところから始まった稽古は、彼にとってそれまでに経験のないつらさだったのだろう。あまりのつらさに、時には行きたくないと家にこもって稽古を拒否する時もあったそうだが、お母さんと柊太君は敬弥君を無理矢理引っ張って車に乗せ、道場に連れて行ったのだった。ここで折れたら試合の場に立つ前に負けてしまうと。

その結果、大会では初めて一回戦を勝ち、二回戦では優勝候補を相手に互角に闘うも、惜しくも判定で負けてしまったが、終わった後には、勝ったとか負けたということよりも、やり切った、やり通したという清々しさと、自分自身に対する自信しか残っていなかった。

「つらかったと思いますよ、好きでもねえ空手をやらされて。何で俺がここでこんなことやってんのかと思ってたんじゃねえかな。でも終わった後のあいつの顔はほんとに何かねえ、晴れ晴れとしてましたよ。自信ついてね、俺もやれたんだっていうそういう充足感あふれた顔してましたねえ」

　師範の言葉通り、敬弥君が入隊する前の挨拶で、「こんな僕でしたが、自信をつけさせてもらってありがとうございます」と言って門馬道場を巣立って行ったという。

　師範や敬弥君と同じく、それは間近で見ていた由香里さんも手に取るように感じていた。

「人より何倍も努力しないとやれない子なんです。俺は怒られるのは当たり前、人より十倍や

大住敬弥君と門馬師範

らないとできないとわかって自衛隊に行ったので、楽しそうにというか、今やってる姿見たら、ほんとに門馬道場で育ててもらったのかなあって。その成長って、柊太の成長もそうなんですけど、敬弥の成長って、半端なかったのかもしれないって思いますね」

取材の時点で敬弥君は入隊して一ヶ月目だったが、その時既に四人ほどの同期生が辞めたという中で頑張っていた。

敬弥君の話を師範としている中で、いじめの話題になった際、師範は彼にかけた言葉を話してくれた。

「〈ケンカしろとは言わねえけども、ケンカしたらお前は誰よりも強いからな、同級生の中では。だから気にすんな。やりゃあお前の方が強いんだから〉と言ってやったんです……間違いなく強いからね。どんなやつよりも。空手やってないやつだったら、あいつの方がね」

師範の言う強いという中には、力の強さはもちろんだが、気持ちの強さも込められている。いや、気持ちの強さがあるからこそ、強くなれたのだと言うべきか。

「でも楽しかったです。二人を送迎している期間。無理矢理でも連れてったあの時は、楽しかったです。兄弟の仲もグッと縮まったし、道場のおかげだと思います」

大会までの期間、二人の息子と過ごした時間を、由香里さんはうれしそうに語ってくれた。母親として忘れ難い、思い出となったのだろう。

しかし、いずれにせよ、敬弥君一人の力ではどうにもできなかったことだ。「出ろ」という師範の言葉を発端に、特訓があり、由香里さんや柊太君の協力があり、そこまで引っ張ってくれた人があってできることなのである。

やはり門馬功師範代の言う通り、強制的に引っ張るくらいでないと、劇的に人間を生まれ変わらせることなどできないのかもしれない。もちろんそれには引っ張ってくれる人間が必要となるわけで、本人にとってはきついことだろうが、結果的には本人のためになるのだから、やはりその行為は、愛情の裏返しといってもいいのだろう。昨今の教育のように、強制力を持たない教育は事なかれ主義であり、無責任きわまりないのではないだろうか。

第六章　子供たちとともに

門馬道場の子供たち

あなたが自分の子供に空手をやらせるとしたら、どういうきっかけで始めるだろうか。

ちなみに門馬道場の新しい門下生の子供たちのお母さん方に訊くと——身体を強くしたい、気持ちが弱いので強くしたい、お父さんが格闘技が好き、礼儀正しくなってほしい、しつけを教えてもらいたい——などなど、子供に空手を習わせる動機は様々だが、大きく分ければこういったことのようである。

だが、申し訳ないけれども、門馬道場に入門しても子供の気持ちを強くしたり、礼儀正しくしたり、しつけを教えることは簡単なことではないし、それが目的ではない。いや、これは私が勝手に考えていることではなくして、門馬師範自身の考えなのである。

「お父さんお母さんから必要以上にしつけまで

合宿の一コマ

道場に頼まれても困るわけですよ。ここで培うものって限られていて、精神的に強くするとか、礼儀正しくするとか、しつけとか頼むと言われても、無理なんですよ。子供の性格を道場で構築してくれといったって、それは無理ですよね。ただあきらめないとか、コツコツ積み上げるとか、その大事さを教えるわけです。頑張ったらお前だってできるんだぞっていうことをわからせるんです。そのことに気づいて続けた人だけが、副産物として精神的に強くなり、礼儀正しくなるということです」

門馬師範によれば、信用信頼のある人間になるために道場があるのである。そのためには何事も投げ出さず、決めたことを守り、実践しなければならない。すぐにあきらめてしまって、約束を反故にし、何の行動もしなければ、それは信用信頼のある人間にはなれないということである。空手の稽古、試合などを通してできることがあるとすれば、師範の言う通り、信用信頼のある人間になるためには、あきらめないで続けるしかないということでしかない。

道場にできることには限界がある。自分たちができるのは、目標を持って頑張れと励ますことであって、でも本当に疲れてダメになりそうな時、頑張らないでもいいというタイミングは、日常生活をともにする親にしかわからないと師範は言う。今この子に頑張れって言ったらダメになると思ったら、親の方が力をぬいてあげないといけないのだと。そういう意味では、道場と保護者の方々とのコミュニケーションは大切だと、師範は考えている。

私が小さい子のクラスを見学して感心したのは、ある程度できる色帯の子供が、後輩の子供たちの稽古の手助けをしていることだった。指導員が初心者の子供に教えている間、型の見本を見せて、一緒にやっている。先生に命じられたとはいえ、七、八歳の子が、そうした自主独立に近い形でやるというのは、日常ではあまり見られない光景だ。

門下生の芝澤豪君がキッズクラスから少年部に移る際、お母さんの裕子さんは少年部では夜の稽古になるし、大丈夫かなと心配していた。ところが、行くとすぐに百富悠君という先輩の子が来て、一緒にやろうと言って向こうに連れて行き、お母さんの心配を払拭してくれたのだった。「僕が豪君の面倒をみますから」とも言ってくれた百富悠君は、その時まだ七歳だったという。

その豪君は正義感が強く、小学校四年生の頃、友達がいじめられているのを見かねて立ち向かっていき、先生に呼び出されたこともある。

また、豪君が一つ上の子からいいがかりをつけられ、石を投げられたりした時、それを見ていた同じく一つ上の子で、門馬道場の門下生が、いいがかりをつけた子に対し、「やめろよお前。あいつとやったらかなわないぞ」と言って止めてくれたのだった。

大住柊太君のエピソードには驚かされた。

とても強いのに、大会に出場しない後輩がいた。彼は経済的に親に負担をかけたくないために出場しなかったのだが、それを知った柊太君は貯めていた自分の小遣いから大会エントリー料の五千円をお母さんの由香里さんに出して、彼を大会に出してやってくれと懇願したのだという。

「〈お願いだから。彼は強いんだから。もったいないんだから〉って。〈僕がお金を出すから（その子の）お母さんに電話してくれ〉って。五千円だけでは大会に出られないんですけど、その時は小学生だったから五千円で出られると思ったんでしょう。〈出れば優勝できるんだから〉って一生懸命に言うんです」と由香里さんは笑って話してくれたが、その後、由香里さんがその子のお母さんに電話して話をして、そこまで言ってくれるのなら、と、大会に出場させることを決めたのだった。


小学校などではよく思いやりの気持ちを持ちましょうとか、人に優しくしましょうとかスローガン的には掲げるのだが、いったいどれくらいの子供たちがそれを実践しているだろうか。勉強やスポーツができる子はたくさんいるだろう。だが、ここに書いたような、思いやりや優しさや勇気を同時に実践できる子供は今、どれくらいいるのだろうか。

なぜ門馬道場にそれができるのか。答えは簡単である。門馬師範をはじめ指導員、先輩たちがそれを教え、実践しているのを、子供たちはその濁りない眼で見ているからである。

学校でいじめを防ぐのは簡単なことである。それは先生自らが絶対的に尊敬されることだ。畏れられることだ。そして尊敬され、畏れられるには、子供たちのために身を投げ出す覚悟、ある時は組織に反発してでも行動を起こし、子供たちを守ってやることだ。

子供が変われば親も変わる

門馬道場では確かにしつけを教えることは難しいかもしれない。だが、言葉ではない、生きた徳というものは、空手を続けていく中で、確かに身についてゆくものなのだと思う。そのことを子供たちは自らの行動で、我々大人たちに教えてくれる。その根本は、相手の痛みを知るということだ。そして、門馬道場にはそれができるということなのである。

もちろん、こうした彼らの善き行いというものが、門馬道場だけで全部形成されたとはいわない。家庭環境もあるだろう。だが、門馬道場で空手を長く続けている子供の親御さんは、口を揃えてこう言うのだ。

「育てていただいている」と。

それは感謝の言葉である。門馬道場の中で、我が子が稽古や試合で一生懸命に頑張っている姿を見ているからこそ言える言葉だ。

少年部卒業会にて

子供が極真空手をやるということは、親はそこで極限的に子供が頑張る姿を見るということでもある。まだ小さな身体で、大会に出るために、昇級するためにつらい稽古を続ける。痛い思いをするのに大会に出て、闘う。稽古を見て、試合を見て、勝って泣き、負けては泣く我が子を見れば、頑張ったね、よくやったねという以外、言葉が出て来ないだろう。

だが中には、試合に負けた我が子を怒る親もある。なぜあそこで突きが出なかったんだ、蹴りが出なかったんだと。腹立たしさに子供を叩く親もあるという。なぜそうなるかといえば、その親は、大会だけに来て、結果しか見ていないからだ。日頃、黙々とつらい稽古をこなす我が子の姿を見続けていたとすれば、怒りたい気持ちよりもほめてやりたい気持ちが勝るはずだ。

そんな、一生懸命に頑張る我が子の姿を見てきたとすれば、親として、「子供がこれだけ頑張っているのだから、私も応援して、背中を押してやらなければ」と思うだろう。言い替えればそれは、親の意識が変わったということになる。

門馬師範は言う。

「〝親が変われば子も変わる〟っていうのは、ＰＴＡなんかの標語ですよね。これアホかと思うんです。親は変わんねえよって。言いたいことはわかります。親が変われば子供はちゃんと育つと思います。でも誰がどうやって変えるの？〈あなたの子供はダメだから、あなたが変わりなさいって言って、人が変わりますか？〉ていうか、それを誰が言うの？

そうじゃなくて我々は、〝子供が変われば、親も変わる〟って言って来たからね。子供が変わったら、親が、子供を見て、考え直すんですよ。何でこんなにこの子頑張ってるんだろうと親は思うんです。できもしないのに〝親が変われば子も変わる〟なんてことをいつまでも言ってるから何も変わんないんでしょう」

現実に子供を見てきて向き合い、ぶつかってきた師範の言葉は重く、私も含め、親としてはよくよく考えなければならないと思う。

〝親が変われば子も変わる〟——これはおそらく、現実を知らない、知識だけで語ろうとする人の能書き、きれいごとだろう。本当に行動をしてきた師範にしてみれば、嘘っぱちの戯言だと言い切ってもいい。

全国で、大学教授や教育評論家といった人が、PTAの講演会などでもっともらしく、ものの本で読んだ知識をベースに、そういったことを言ってはいるが、もしそれが真実だとすれば、とっくの昔に子供を取り巻く環境は今より遥かに素晴らしいものになっているに違いない。

いじめも虐待も、家庭内暴力も、激減しているはずだ。なぜ減らないかといえば、親が変わらないからだ。外面はよくしても、家庭内でお父さんやお母さんがストレスをぶちまける、その姿を見て育った子供が壊れてゆく。すべては親の責任であるのに、子供たちの責任としてなすりつけている以上は、子供の人間性が向上するはずもないだろう。

大人は子供を見ているつもりかもしれないが、子供に見られている存在なのだと気づかなければ、子供はずっと変わらないだろう。親自身が身を律する教育を受けてこなかったとすれば、子供の姿を見て、親が自らを戒めることができなければ、いつまでたっても子供は変わらないのである。

そのことを門馬師範は、身をもって、いや、子供のために身を削りながら感じてきた。〝子が変われば親も変わる〟——長年空手を通して親と子のかかわりを見てきた師範だからこそ生まれる本物の言葉だ。

教育は政治と同じで、百のきれいごとより、一つの実行が大切な世界だ。できもしないことを並べたてて人心をあおるのであれば詐欺師と同じではないか。

それを思えば〝親が変われば子も変わる〟と言い続けているだけで、具体策を全く実行していないＰＴＡなどがあれば、時間と金の無駄だからやめてしまった方がいいだろうし、そもそもが、教育というものは、組織で語って何とかしようなどという性質のものではないのだと思う。

師範のように、しっかりと地域に根づいて、子供一人一人の眼の色を地道に見ていくような環境でなければ教育などできない。軽々に専門家が知識だけで語るような、机上の空論だけでは、子供たちを取り巻く問題は何も解決しないのである。

門馬道場は、空手を通して、生きた教育を実践している場であるといってもいい。つらい稽古や合宿、痛い試合の中で、子供たちが頑張って得るものは、大人が突き動かされ、変えられてしまうほどの力を秘めている。

それなのにその力を折り、子供たちのやる気を削ぎ、ダメにしてしまうのは親たち、大人たちなのだ。常に自分を基準に置いて、そのものさしで子供たちを測り、あわなければ怒鳴りつけ、いうことをきかなければ無視をし、捨ててしまう。それはもうストレス発散の場でしかない。

こんなことでは教育どころではないだろう。

大会で勝てるのはその子の努力、負けるのは指導者の力不足

その昔、息子さんのやっているスポーツ少年団のソフトボールの試合を、門馬師範が応援しに行った時のことである。試合に負けて、お昼時だったので師範が奥さんと弁当を食べていると、隣で息子さんら選手たちが円陣を組まされ、監督やコーチの説教が始まった。お前らが今日負けたのはああだこうだと怒り出したのだが、それを聞いていた師範は怒りでふるえたという。

「はあ？　違うんじゃねえのって。何言ってんだこいつらと思っててね。隣で聞いてて腹立つ腹立つ。うちの嫁さんが俺の腕押さえて、〈お父さんやめって〉。〈だって違うだろあれ〉って言って。〈そういうことじゃねえべ。もうやめさせろ。こんなとこに預けられねえ〉つってね。指導者（の存在）というのはでかいですよ」

なぜ師範はそこまで怒るのか。

菜穂子さんから試合の結果についての、師範の言葉を教えてもらったことがある。

「大会で勝てるのはその子の努力、負けるのは指導者の力不足」

師範は試合に負けたことを、子供たちになすりつける監督やコーチが許せなかったので

ある。その監督やコーチは純粋に腹が立って怒ったのかもしれない。だがそれを親たちの前で公然とぶちまけるということは、頑張ってきた子供たちの心を踏みにじるものだ。尤も、親たちがいるから自分たちを正当化するために言ったのだとしたら、それはそれで問題だ。百歩譲って、もし監督やコーチがそういった不満を抱えていたとしても、次の練習の時にでも諭してやればいいだけの話である。

子供に限らず、頑張ってきた者が負けた時、ショックは大きい。なぜ負けたのか、なぜあの時あんなことをしたのかと、ただでさえ自分を責め続ける。それに指導者がのっかって、お前のせいだと言われれば、誰だってもうやる気が失せるし、勝つことも難しくなるだろう。もうやめたいと思うかもしれない。

指導者というものは、試合後はまずは選手の健闘をほめてやり、それから冷静に的確なアドバイスを送ることが大切であって、負けたからといって怒りの感情をぶつけて、己のストレスを発散する場ではないはずだ。

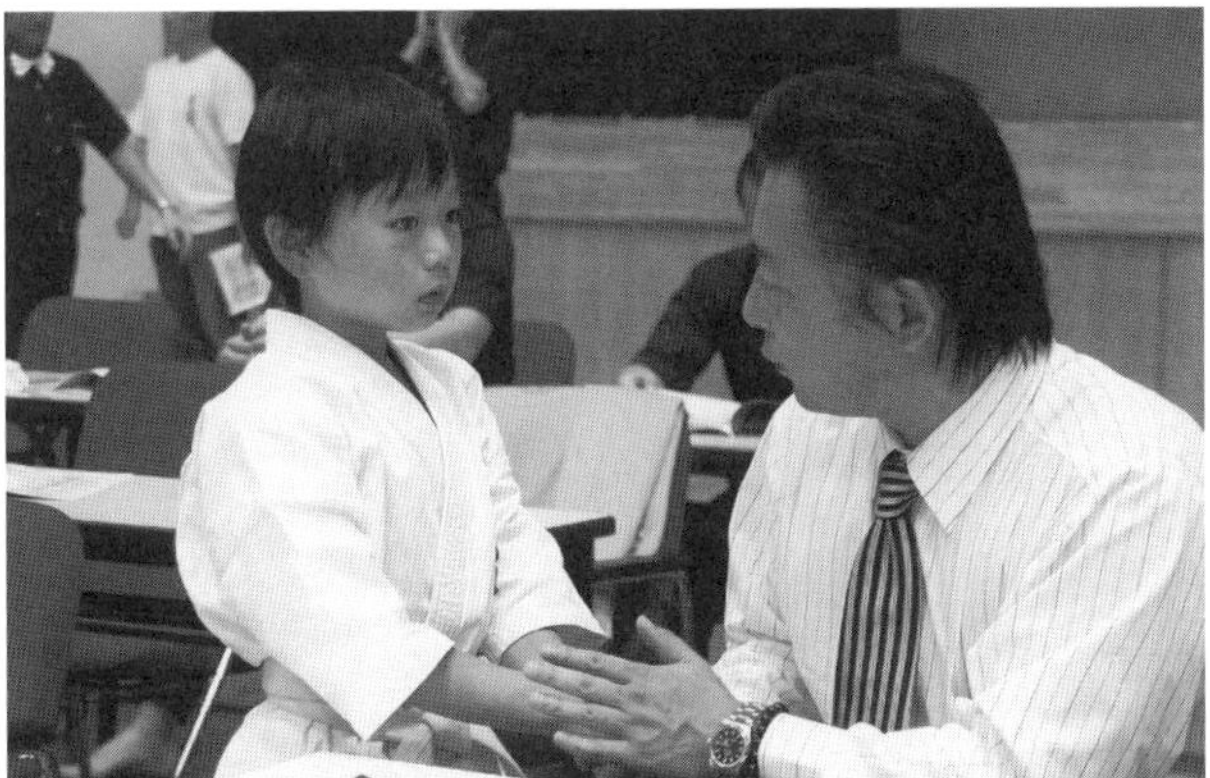
門下生を励ます

そういった監督やコーチは、本当の意味での、挫折を知らないのだろう。競技に限らず、人生において、ギリギリまで頑張ったのに、屈辱や辛酸をなめるといった経験もないのだろう。自分自身がそういう指導を受けてきたのかもしれない。そもそも、傷ついた相手の気持ちを思いやることすらできないのは、指導者として致命的であろう。

師範の場合はその逆で、子供の前で親を戒めるのだ。「もう言わないで下さいって。子供はこんなに頑張っているんですから」と。

弟子が窮地に立たされた時こそ、師匠というものは庇い、何とかしてやりたいと思うものだ。いや、師範の場合は思うだけでなく、相談にのったり、ケガで悩んでいるなら病院に連れて行ったり、具体的に行動を起こすので、弟子は尊敬し、信頼を寄せるのである。だからその師範がいじめをやるなと言えば門下生は絶対にやらないし、困った人があれば助けろと言えば助けようとするだろう。実際、前述したように、門馬道場の子供たちはそれを実行している。これほどはっきりとした善き教育も他にはないのではないか。

それこそが徳育というものだろう。だがこれはあくまで極真空手があっての話だ。厳しい稽古を積み重ね、空手の道をあきらめずに突き進み、勝ったり負けたりしながら、人とのかかわりを通して自分の頭で考え、行動してこそ、人間の徳というものが身につくのである。

指導者はつらいよ

最近は武道教育が奨励されて、中学校でも武道が必修となり、柔道などを取り入れている学校が多くなったようだが、わずか数日内の研修で教員に黒帯を取得させて教えさせる県もあるという。私が二年かけて取得した黒帯を数日で取れるとは、何がどうなっているのか理解に苦しむが、やってはいけないことをしているのは間違いない。

そもそも、柔道は死と隣り合わせの競技である。大外刈りをかけられて、受け身をとりそこなったら、後頭部を打って処置が遅れたら命にかかわる。

私自身の乏しい柔道経験からいっても、それはおそろしいことだ。私は絞め技で二度落ちて、一度は頭を強打して脳しんとうを起こしている。骨折を目撃したのは二度や三度ではない。ちゃんとした指導者がいてもそうなってしまうのである。俄の指導者ともなれば、そんなものは武道でも何でもない。単なる武道ごっこにすぎない。

ここまで書いてきた門馬師範の武道に対する志、実践を読んでもらえればわかると思うが、国をあげてのこの武道教育は、全く似て非なるものだといえよう。

そもそも武道の精神や礼節を日本人に復活させたくて武道の必修化は始まったはずだが、中学校の俄教師が指導して、本物の武道精神や本当の意味の礼節など、教えられるわけがない。形だけの精神論、形だけの礼節など何の役にも立たない。このままでは日本人の武道離れがますます加速すると、門馬師範は懸念する。

余談だが、現在門馬道場は、県内各地の幼稚園や小学校から頼まれて武道教室を開催している。また、安全面においても道場にＡＥＤを常備したり、指導員の太田さんが厳しい研修を終えて晴れて救命士になった際は、いの一番に門馬道場に来てもらい、門下生たちが救急処置の指導を受けたのだという。これらの取り組みをみても、門馬道場は、武道教育をするに値する指導員のいる道場といえよう。

それにしても柔道、剣道、相撲という選択肢の中に、どうして空手が入っていないのだろう。経済や性差やいろんな条件を考えてみても、空手が一番武道教育に向いていると思うのだが。

武道の指導をする、教えるというのは生半可な気持ちではできないのである。教える側の資質が問われる世界であり、門馬道場の指導員の方々も、日々悩みながら続けているといった状態である。

指導員の橋本さんは言う。

「教えるのは難しいです。自分でわかっていてもなかなか教えられないんですね。言葉が出て来なかったというか。ジェスチャーみたいになったり。ちっちゃな子が五人いたら五人個性がバラバラなんで、その中で同じものを教えていくのは難しいですね。言葉の伝え方というものが。どうしても幼稚園生とかですね、難しいのは。落ち着いていない子とか。子供たちのクラスをやってから、大人のクラスを教えると、すごく楽です。宇宙人から人間に伝えるようで。ただわかってもらった時は、子供の方がすごくうれしいですね。

わかってニコッとする顔を見るとうれしいですね」

人に伝えるということがいかに難しいかがうかがえる。特に文字で伝えるわけでもなく、技を伝えるともなれば、自分の動きもさることながら、相手の動きに注視して、的確に言葉で伝えなければならない。それが何十人ともなれば、相当な集中力と持続力が要求されるだろう。

また、指導員の井上さんはこう言う。

「やっぱり教えてもらっている方が楽ですね。頭的には。例えば、一つの技教えるにも指導員によって十人十色だと思うんですすか、表現の仕方っていうんですかね。やはり同じワン・ツーでも違う指導員からするとまた新鮮に聞こえると思うんですよね。同じ技を毎日ある程度基本とか移動稽古とかやるんですけど、それをどう、その人に気づいてもらえるかなっていう、同じこと教えてるんだけど、聞こえ方が違うみたいな。飽きさせなく、気づき、ですかね。それを与えられれば一番いいんですけど」

十人十色でいえば、菜穂子さんと山名さんの夫妻の間でもそうした食い違いがあるという。

「この前の稽古では最初から、何か機嫌が悪かったのかなって思う印象があって、でもそれは本人（山名さん）からすると、ちょっとだらけてる雰囲気を締めるために、気持ちがなければどんどん外すからと最初に聞いた時に、私だと、もっとやわらかく接したのかなと。それは男と女の違いで、そこは相手を否定するとかではないんですけど、そこが指導になるのか萎縮させるのかで違うと思うみたいな話をして」と菜穂子さん。

「門馬道場の指導員たちの考え方がまったく同じかっていうとそうじゃなくて、根幹は一緒でも、価値観とか、形は違うので……別に自分がヘラヘラしてて怒られたんだったらそれはしょうがないと思いますけど、自分なりに真剣に考えた結果でのあれだったので」と夫の山名さんはソフトに反論する。

その話を引き取って門馬師範が、以前、稽古前からやる気満々で「お前ら今日はガッチリ行くぞ」って、メチャクチャ稽古に燃えてたら、その時あるお母さんから「機嫌が悪かったみたいですね」と言われて「はあ?」となったというエピソードを話してくれた。

まあ山名さんの言う通り、門馬道場の場合は大乗仏教みたいなものなので、方法論は違っても行き着く先は同じなのでこじれたりはしないと思うが、お互いガチだからこそ、指導方法で、夫婦の間でもこうしてぶつかるものなのである。

それだけ人に伝えるということ、教え方というのは複雑で難しいものなのかもしれない。

私も以前専門学校と大学でシナリオを教えていたが、一方通行で、座学的に教えるのには限界があった。もう飽きている雰囲気が身体で感じるのである。それならば書かせるのはどうかといえば、書けといえば書くが、それも所詮は一方通行であった。最終的に一番理想的な授業となったのは、同じ課題について学生も書き、私自身も書いて、それを比較して批評しあうというスタイルだった。

井上さんは言う。

「やってみてピンとこないなと思うと、何が伝わんないのかなと、色々やってみて、いっぺんに言ってもわかんないので、ちょっとした手の動きとか、ワンポイントワンポイントしか毎回稽古では教えませんね。握りが甘かったら、ちゃんと握れよとか。その子に何で伝わんないのかなって探ってみて、キャッチボールするみたいな感じですね。何でそんなことするのかってことになると事例を出したり、変に曲がってとらえられないようにだけは意識してますけど」

私もそうだったが、やはりキャッチボールしながら理解を深めるという方法がいいようである。お互いに何を考えてどうしようとしているのか。正しい技の伝承というのはそうした指導する側の苦労で支えられているのだろう。

「根性三分技七分っていう言葉が好きなんです」と教え方について話してくれたのは太田さんである。「やっぱり蹴り突きでも、気持ちがなければ相手に圧されちゃうし、技術論も好きなんですけど、精神論も好きで、〈はい構えて〉っつって。〈エイッ〉て言った時に、気持ちが入ってなければ、気持ち入るまで何回も繰り返させますね」

という太田さんのように、まず空手に取り組む気持ちの部分を重視することもある。

指導者の資質

指導を受ける側の話として、才能のあるなしを問うた時、菜穂子さんは自らの経験を通してこんな風に語ってくれた。

「初めて体験をした時から、この子センスあるなあっていう子がいますよね。逆に、どう頑張ってもっていうか、言い方はかわいそうだけど、ちょっと鈍臭いかなっていう子も中にはいるわけですよね。私自身が鈍臭いタイプだったので……運動は好きでしたけど、覚えも悪くて、〈ほんとにこいつ覚えないって〉すごく師範に叱られてました。スチュワーデス物語の〝のろまな亀〟じゃないですけど、頑張るんだけど空回りするってあるじゃないですか、まさにそれだったんです」

そうは言っても菜穂子さんは型で世界チャンピオンになった人である。鈍臭いと言われても俄に信じ難いが、次の言葉で私は納得した。

「でも、私がここまで来られたのは、門馬師範の本当に導き方がよかったのだと。ダメな時はダメとすごく怒ってくださいましたし、怒っていただけたおかげで、こういう指導員になりたいとか、思わせてくださったので。自己満足じゃダメなんだと。一つ一つを師範は教えてくださって、今の私がある。自分のことを振り返ると、才能よりも師範との出会いが大きいんじゃないかなって。だから私も出会えてよかったと言ってもらえるような先生になりたいと思いますよね。どんなにセンスがあっても、気持ちを持っていくことがなければ、絶対に壁がありますから、そこの乗り越え方で、そのセンスをつぶすも生かすも先生の力だと思います」

センスをつぶすも生かすも先生の力だというのは、その通りだと思う。例えばイチロー選手の振り子打法を無理に変えさせようとしたり、野茂英雄元投手のトルネード投法を矯正しようとしたり、そんなコーチでは困るのである。幸い、イチロー選手や野茂氏には強靱で強固な意志があったので、変えなくてすんだが、自分の理論を一方的に他者に押しつける指導者ほど、愚かなものはない。

門馬師範は、礼儀作法や考え方が明らかにおかしい時は厳しく正して、技術論の場合はまずは自分でやって見せて、理屈を長々と話すのではなく、短い言葉をぶつけて、本人が納得するように教える。いや、教える以前に、絶対的に信頼しあえる関係性を築くのである。

さらに菜穂子さんは、空手のセンスのない子についてこう語る。

「どんなに頑張っても大会で成績を残すことができない子がいたとしても、継続していく中で、その子が道場の中で一番信頼されている先輩になるとか、そういうところに仕向けていけるっていうところもあると思うんです。成績がいい人がいい先輩というわけではないじゃないですか。それが言えるのが空手の世界だと思うんですよね。

例えば陸上とかサッカーだったり、それはタイムとか点数とかって、そこのセンスが評価されることが大きいと思うんですけども、空手の中では、眼の前のことを考えたら、大会で優勝したりとかそれはもちろん評価すべきところです。でも、やっぱり十年後その子がどうなってるかっていうところまでを見て、確実に、その子が居心地がいい場所だったり、その子が周りから慕われている先輩になっていくってところにおいては、先生の力は大きいかと思いますね。自分がそうだったので」

これも何も根拠のない理屈を言っているのではなくて、菜穂子さん自らが経験し、実感として感じたことを言っているから、説得力を持つ言葉になるのである。

教育者の本懐

「徳育がないんだ」と言って門馬師範は嘆く。徳育とは、知識によって得るものではない。嘘をつかない、約束は守る、思いやりを持つ、礼節を保つといった、人間として生きてゆく上での、正しい行いを学ぶ、実践教育である。門馬道場では空手という武道を通して、信用信頼を得る人間性の育成というものを目指しているが、それがそのまま徳育にあてはまるといってもいいだろう。

だが今の教育は、知育や体育、食育といった知識をもとにした教育ばかりで、人間性、人格形成を目指す〝徳の教育がない〟のだと師範は言うのだ。

「結局は教育なんですよ。でも学校教育も、家庭教育も、地域教育も、そのすべてが今はあてにならなくなっちゃいました。じゃ何がありますかと。たまたま道場に来た子が救われているんですよ。武道教育があるから。あと何もないんだもん。学校に行けなくなった子供たちを教育するシステムが日本にはなくなってきてるんだよね。知育とか体育とか食育はどんどんいろんな人がやってきたけど、徳育がないんだ。誰がそういうものを教えるんですかって言ったら誰もいないわけ。そもそも教師になるのに徳育を受ける場がないもんね」

　師範の嘆きには実感がこもっている。その言葉がきれいごとではなく、嘘を全く感じさせないのは、第五章で書いたように、師範は実際にいじめにあった不登校児や施設に送られる寸前だった粗暴な子供を、身を呈して救ったという事実があるからだ。

　師範は言う。

「ＰＴＡの集会を何度も重ね、教育講演会を何度も開催し、何百人という大人がかかわり、問題として認識しているのに、たった一人の子供さえ救えない。そんな現状を何度も見てきました。それどころか大人達に安易にダメならく印を捺された子供は、なかなか立ち直れなくなってしまう。そんなものを果たして教育と呼べるんですか？」

　ただ単純に、人間に知恵を授けるのが教育ではない。人間を人間にしてくれるというか、もっと長い眼で見るならば、教育というものは人間同士が互いに認め合い、信じ合い、命を慈しみ合いながら共存してゆくための知性や人間性を養う術なのである。政治や経済や医療、福祉といったことも大切には違いないが、その根本には人間の教育、さらに根本には徳の教育があって、それを土台にしなければ、砂上の楼閣にすぎないのではないか。

　人間を救うのは大人たちの自己満足や体裁を繕うだけの会議ではなくて、人間の心を理解できる人間でしかないのである。

守破離

門馬師範は、後援会や門下生の中に、六十歳の社長さんがいたとすれば、その人が、仮に指導者が二十歳の若造であったとしても、こいつの生き方はすごいな、こいつなら孫を預けてもいいなと思ってもらえる生き方をしないと成り立たないと言う。

私などは本音を言うと、申し訳ないが今の学校のあり方では、積極的に子供を学校に預けたいとは思わない。

この取材中、ある門下生のお母さんからこんな話を聞いた。中学生の学年主任が生徒の前で挨拶をしたのだが、その際、土日の休日に自分を見かけても話しかけないで欲しいと言ったというのである。休みの間は先生ではないのだから

黙想をする

と。それを聞いた子供がびっくりして家に帰ってお母さんに話したのだ。

生徒よりも自分のプライベートを優先することを公言する先生がいる学校に、子供を預けたいと思う親はいないだろう。

ではどういう人間が理想の指導者、先生足り得るというのだろうか。

師範はまず空手の指導者の現状をこう嘆いている。

「まあフルコンタクト空手って、この俺たちが生きてる世界ほどいいかげんな世界もないのかもしれない。誰でも道場主になれるんですよ。明日からでもできますから。道着と黒帯買ってきて、ミットがあれば、できちゃうんですよ。そんな武道あります？

だから、〝守破離〟の、守の段階を誰も経験してないんです。茶道でも華道でも、新入社員教育なんかで必ず守破離って出て来ますよね。まずは先生の話を〈ハイッ〉って聞けと。何でも先生の教えは聞く。白が赤と言われようが、黒と言われようが、白は白だと言われれば、〈ハイ、白です〉って、人の話を聞きなさいと。

素直に修行しなくちゃなんないのに、その経験がないんですよ。今の空手の先生方は。守破離の守もできていない人が、空手の先生になって、武道教育って言うんですよ。日本の子供たちが育てられていくんですよ。お前ら子供にかかわっちゃダメだろって。お前らが武道教育とかって言うなってことですよね」

守破離とは茶道や武道など、日本の伝統文化における師弟関係のあり方を説いた考え方で、その道を極めるためには、その三段階を踏まなければならないという教えである。

『規矩（きく）作法守り尽くして破るとも離るるとても本を忘るな』

という、千利休の和歌がもとになっている。つまり、〝教えを守りながら、いつしかそれを打ち破り、離れてゆくことも大切であるが、基本精神は忘れてはならない〟といった意味だが、師範は、今の空手の指導者の何割かは、この〝守〟（初心者）の段階をちゃんと踏んでおらず、したがってその人が〝破〟（達人）や〝離〟（名人）の域に達することもないと言っているのである。

武道の基本もできていない者が道場を開いて、門下生に何を教えるというのかと、怒りを通り越して呆れて師範は言うのだ。

守には、師の教えを守り、そこに何一つ疑念をはさまず、謙虚な姿勢で、言われるままにただひたすら厳しい稽古に打ち込むという、武道でいえば一番大事な精神を養う部分でもある。だから、それをないがしろにしておいて破や離には達しないし、ましてやその人間が人に教えるなどということは本来あってはならないことなのである。

理想の指導者

師範にとっての、理想とする空手の指導者というものは、人間性も実力もどちらも欲しいのだと言う。その上でこう話す。

「人間性と実力は違うんです。人を信じて裏切られて、人を好きになってふられて、人の為に動いて誤解され嫌われて、またそれを何度も繰り返してそれでも何度も立ち直って、やっと心の強い人間になるわけじゃないですか。

医者になるとか政治家になるとか弁護士になるとかって受験戦争勝ち抜いて、知識いっぱい習得して、確かにすごい人たちですよね。みんな頑張って成功してその成果としていい企業に入れて地位も名誉も手に入れて、でもその人たちの人生が豊かかというとそれは人それぞれで、わからないんですよね。

でも、人とのかかわりがあまりないまま、社会に出て来ちゃった人たちと話してみると、何でこの人はこういう考え方なるんだろうっていうのって、おうおうにして多いですよね。今までずっと競争を勝ち抜いてきて素晴らしいのは間違いないんだけど、人を信じたり、裏切られたり、人を味方か敵か、関心があるかないか考えて、人間関係に悩んでないから、人間臭さみたいなとこがすっぽりと脱け落ちてますもんね」

もちろん医者や政治家や弁護士の全部がおかしいというのではないが、確かに私の経験上も、そういった人が多いと感じる。経済的にも家庭的にも恵まれ、学業もそつなくこなして、それなりの地位にのぼりつめる。彼らは自分が選ばれし者と思い、お金や学歴があってよかったと思い込み、それが正しいことだと信じている。なるほど勉強ができるし、頭がいいという評価は実力であるかもしれないが、人間としての心の葛藤に関心がないのだとすれば、とてもそうした人間の悩みを聞いて、緩和させて、やる気を引き出すなどということは不可能に近いだろう。

でも、世の中にはいろんな人がいる。どんな考え方でも自分が幸せだと感じるならそれでいい。ただ、人を指導する立場になったらそれではいけないということだ。

人間は知識や地位やお金だけで支えられているのではなく、最終的には精神で、心で支えられる生きものである以上、そうした心の営みに関心のない者は役に立たないから、指導者の立場に立つべきではないだろう。

「かたや暴走族やってるみたいな彼らは、仲間を裏切ることはしませんが、でも人間関係ばっかり重視して、彼らも彼らで肝心なとこが抜けてるわけですよ。筋論がどうとか、義理がどうだとか始まるんですけど、結局自分本位の筋論で世の中に迷惑かけてるわけですよ。

空手の指導者は、エリートでも暴走族でもどっちでもダメなわけですよ。弁護士になるような政治家になるような医者になるようなエリート、こういう人たちも人の和が大事だとか言って、融合してくれたらいいんだけどね」

みんなが当たり前のようにして生きているこの世界は、意外にこうした住み分けで成り立っているところがある。ふつうの人間というのは、金持ち同士でつき合い、同じ会社や団体の者同士でつき合い、交わることはない。ホームレスの人が社長と酒を酌み交わすことなど、ドラマでもない限り、あり得ないだろう。

その両者が交わり、融合すれば確かにいいだろう。そうなった時に生まれる人間こそが、指導者にふさわしいはずだ。だがそれは一般的には不可能に近いという現実も、師範にはわかっている。

だから、せめて俺たち武道を志す者だけでも、偏った人間にはならないで、実力と人間性の備わった指導者を目指そうというのである。

俺たちは「頑張っている」という道を選択している

以前、門下生の石井新君は、中学校になって勉強と部活を始めたことで、両立できなくて道場に来なくなった。師範は期待している彼に対して、ゆくゆくは指導者になって欲しいという思いを込めて、次のように話したという。

「新な、お前より空手を頑張ってない人はもちろんいるだろう、お前よりテニスを頑張ってない子もいるだろう。お前より勉強できない子もいるだろう、でもお前はこれからそんな自分より頑張んない人間ばっかり見て生きていくのか？　空手にせよ、テニスにせよ勉強にせよ、お前より頑張っている奴もいっぱいいるんだぞ。自分より上を見ないで常に下を見て生きていくのかお前は。

下ばかり見て、自分よりも劣っていると思い安心して、妥協して、だからいいんじゃないと思ったら、俺たちは浮かんでいかないし、空手を、武道を

子供たちと

志している俺たちはそれでいいのか」と、師範は弟子を諫めたのである。

なぜなら、師範は彼に優れた指導者になって欲しいからだ。実力も人間性も兼ね備えた指導者になって欲しいからだ。もちろん頑張らないでも幸せな人間もたくさんいるだろうし、賢くてもバカでもどっちでも幸せだという人間もたくさんいるだろう。だが、武道を志し、後進に伝えてゆくことで世の中が豊かになるのだとすれば、絶対的に俺たちは頑張り続けないといけないと師範は言うのである。

「俺たちは頑張って生きるという道を選択しているんで、そういう世界を知ってるんで、俺たちはこれから一生こっち側の（頑張る）世界で生きていった方が、ストレスなく生きていけるだろうし、彼ら（頑張らない）はこっちの世界に来れないと思うから。でも彼らを見下すこともなく、俺らが素晴らしいと思うことでもなく、俺らはこっちの住人だからあっちの気持ちはわからない。俺らは眼の前にきたことを一生懸命に頑張ることが大事なんだよって。目的があろうがなかろうが。そういう側の人間になっていこうぜって話をしているんです」

頑張る側の世界で生きていく。これは武道における一つの武器ともいえるだろう。楽ではない世界だが、自分が頑張れば、ひいては人のため、世の中のためになるのである。もちろん、自分自身の実力も、正しい考えのもと、頑張る道を間違えなければ、人間性も向上してゆく。

そして頑張る側の人間である以上、自分でやってみるという経験によって信用信頼される人間になろうということだ。

「前蹴りで一万本蹴ってみろと言われた時に、素直に蹴る奴、蹴ってから意味がなかったという奴、蹴る前から文句つけてやらない奴がいるでしょうけど、わかんないじゃないですか、やってみないと。一万本蹴ってみて、結果的に膝を悪くしてやらない方がいいよという言葉を吐ける人か。やってみて経験でやった人は言えるわけでしょ。やって途中で挫折した人はもの言えないし。やらないうちにそんなことをしたら膝を悪くしてしまうよと言う人がいたら、確かに知識はそうかもしれないけど、やってみないとわからない世界ってあるじゃないですか。

自分の住んでる価値観で俺たちは生きてるので、やってみて、ものを言わない人間は、信用しないっていうかね。最初から無理だよってやんない人。やってる人を笑う人。特に。頑張る人を笑うでしょ。そういうのは住んでる世界が違うので、でも、そういう人もいるから世の中ですよね」

やらない者に限ってやっている人間のことをあげつらい、バカにして、笑い者にする。自分というものを持っていないから、自分の基準がないから、借り物の、パッチもんの物差しを持ってきて測って、「できるわけねえよ」とうそぶく。ネットで誹謗中傷の書き込みをしているような連中などはその典型だ。

その上で師範は、頑張ってつらい道を行く者を、少なくとも何もしないで楽な道を行く者が批判するのはやめて欲しいと語る。

「頑張ってる人は大好きですよ。でも、仕事を頑張るとかっていうのとは違うんです。そんなのは食うために誰でもやって当たり前だし、パチンコ頑張るとかいう奴もいるけど……頑張るって、食うため以外のことで、苦労が伴うもの、やらなくても誰にも迷惑をかけない、誰にも怒られない、ほめてもらう必要もない。自分の意志だけですよ。自分の想いだけです」

お金のために頑張るのでも、ただ単に好きだから頑張るのでもない。純粋に自分の意志、想いだけで頑張るというところに凄みを感じる。

頑張った結果として何が得られるのかという価値観ではなく、頑張る己の意志そのものに価値を見出すのだ。これは究極的な絶対論的価値というものであり、最上位の〝頑張る〟と言っても過言ではない。

「公園なんかで、テニスで一生懸命壁に向かってサーブの練習とかしている人を見たら後ろから抱き締めたくなりますよ。スキーなんかもそうだけど、一人で行って、延々と滑ってる奴もいる。テニスもスキーも好きじゃないけど、そういうのはすごいなと思います。そういう奴とは話してみたいと思います。〈スキーって楽しい？〉って。

例えば石井新が趣味的な楽しみで空手をやって、新が立派な指導者になれるか、人生において空手の恩恵を受けるかということです。空手の道を歩き続ける気のない奴は、別に楽しくやってもかまいませんけどね」

師範の頑張る価値基準は、自己鍛錬や精神性の向上が伴うかどうかで決まるようだ。

武道やスポーツに限らないが、人が何かに熱中し、取り組む時、必ず乗り越えるべき壁となるものがある。真摯に一生懸命にやればやるほど、高くなってゆく。それを乗り越えるためには苦しいトレーニングを積まなければならない。だから、武道でもスポーツでも必死に取り組むということは、自己鍛錬の道であるという証でもあり、だからこそ、趣味的な楽しみでやっている人とは一線を画すことが必要だと師範は言うのである。

「余暇をうまく利用して、日常生活に支障がないように空手を十年続けたとしても、その程度のことでは心の支えにはならない」と、門馬師範は言う。合宿などで師範が門下生たちを前にしてよく言う言葉だ。

時には仕事や家族など、様々なものを犠牲にしてまでも、苦しくつらい経験を十年も二十年も積み、乗り越えて得た黒帯にこそ価値があるのだと師範は考えている。苦しい時に帯を握り締めて涙し、つらい時に道場で無心で汗を流し踏ん張る。だからこそ、空手が、黒帯が、心の支えになるというのである。

実際、門馬道場の指導員は専任の人たちを中心に、稽古、大会、合宿、イベントの準備、参加など、休みという日がないほど熱心に取り組んでいる。端から見ていても、ただただ単純に、すごい人たちだなあと感心してしまう。

それも門馬師範のトップダウンでやらされているのではなく、やらなくてはいけないという印象だ。師範の教えをもとに、皆さんそれぞれが、空手をやる価値を理解しているからだろう。

空手という武道は本来、単なる趣味や競技という枠を越えて、人間の生き方そのものにならなければならない。生きてゆくということは楽しいこともあるが、つらいことや悲しいことも多い。ある日突然、悲しみのどん底に突き落とされてしまうことだってある。そんな時に、武の精神で、持ちこたえ、踏ん張れる。自分だけではない。他者に対しても、身を呈して救おうとする。

武道とは、自分の人生を豊かにし、人を支え、人を救う道でなければならない。そうでなければ武道というものが教育や、先生方の指針にはなり得ず、やがて廃れていくのではないかと危惧するのは私だけだろうか。

門馬道場を担う子供たち

将来の門馬道場を背負って立つだろうと期待される子供たち（といっても高校生だが）がいる。既に第三章でも紹介しているが、今年（二〇一五年）の二月の昇段審査で黒帯を取得した高校生三人、石井新君、大住柊太君、鈴木統河君の三人である。彼らに比べたら、あれほどの黒帯に対する愛着、感動があったかどうかは疑問だと師範は言う。

「柊太とかあいつらの感動から比べると、あんなのはなかったですもん。彼らは黒帯をさわらせなかったですもんね、お母さんとかに。さわらせなかったというか、さわらせないらしいですよ今でも」

三人は門馬道場生え抜きで、初めて黒帯をとった高校生たちである。五、六歳の頃から彼らはずっと門馬道場で稽古を続けて、入門から約十年目にして黒帯を取得したのだった。

　統河君のお母さん、真美子さんは統河君というより空手を見るのが大好きで、稽古中もずっと見学していて、何回見ても新鮮で飽きないという。必然的に子供のコンディションもわかるので、アドバイスもするのである。

　統河君は、何回もやめたいと思う時があった。それは、小学校高学年の頃、身長が伸びなくて、体格差で勝てなかったからだった。

　どうすることもできないコンプレックスと闘い、子供がもがき苦しんでいる姿を見るほど、親としてつらいものはない。ましてや真美子さんのように、空手を通してその姿を目の当たりにすることほど、切ないこともない。

「黒帯もらった時は、お母さんが一

左から石井新君、鈴木統河君、門馬師範、大住柊太君

番泣いてました」と統河君。

「学生でもらえるなんて思ってなかったし、大会とかそういうことよりも、柊太や統河が頑に頑張ってきたことを師範に認めて頂いたというか、彼らのちっちゃい時とか思い出すと一秒で泣けます、親はみんなそうです。ちっちゃいのに頑張りなさいと言ってしまうとか、うちの道場ちっちゃい子が多くて、身体が。でもちっちゃいというのは言い訳なんだよって言って、もっと頑張れ頑張れって。稽古中に痛くて泣いてても、やめさせないみたいな。鬼のようでしたよね」と、真美子さんは涙ぐみ、声を詰まらせて話してくれた。

ただ、思い悩んでいた時に、師範が声をかけてくれたという。

「〈今は勝てなくていいんだよ〉って。〈統河は技とか持ってるんだから、一生懸命稽古して、身体もきっと大きくなるから〉って声をかけてもらって。言わなくても察してくださるというか……子供たちにとってもそうですけど、私にとっても師です」と真美子さんは言った。

柊太君が大会で勝てなかった時、師範は、「負けてるから勝ちたくて続けられるんだぞ」「勝ち続けていたらお前つまんない人間になってたぞ」「負けてる子の気持ちもわかるし、いい指導者になるぞ」と励ましてくれたという。

柊太君は今年、高校受験した際、門下生の中で唯一、一期の高校受験に失敗して落ちてしまった。受験と黒帯に向けての厳しい稽古を両立させなければならなかったので、相当な困難があったのである。

「落ちたら笑って、〈落ちたあ〉みたいに言おうと思ってたんですよ。そしたら無理で、落ちた瞬間ほんとショックで、泣いて、泣きながら家に帰って」

そんな状態の時、師範が慰めてくれたことをお母さんの由香里さんは憶えている。

「〈お前らしいな〉って師範が言って。〈師範と一緒だ。俺もそうやって挫折して生きてきたんだ〉って」

彼ら三人は、この十年の間、稽古や大会、合宿における門馬師範の姿を、純粋な子供の眼で見てきた。率先して稽古を行い、時には厳しく、時には優しく接してくれる師範を尊敬し、カッコイイと憧れ、自分たちも師範のようになりたいと思うのは、当然のことだろう。

空手は究極の〝異業種交流〟だ

柊太君と統河君は、高校生になった今でも、将来、空手の先生になると決めている。幼稚園の頃からの夢であり、小学校の卒業文集にもその夢を書いたという。

それは〝なれたらいいな〟という、中途半端な気持ちなどではなくて、絶対になるのだというゆるぎのない信念である。

ただ、空手一本でやることはいいことかもしれないが、世間とか社会に揉まれないで純粋培養されるのは現実問題としてどうだろうかと思い、私はその質問を師範にぶつけてみたのだが、その答えは思いのほか厳しく、明解な反論であった。

「一般的に言うと道場っていう狭い世界に生きてたら、世間知らずの人間になってしまう。それは思いますよ。ただ、それは今までの空手道場のあり方なんで、自分が考えているのは、空手の道場って、究極の〝異業種交流〟なんですよ。道場の人とかかわればの話ですよ。彼らにはかかわっていって欲しいんですよ。門下生とか保護者の人と。

空手道場なので、やれることには限界がある。でもこれからあいつらがもし道場一本でやっていくんだったら、いつまでも今までの空手道場みたいにバカなことやってないで、空手に来た人間に空手教えて〈はい、どうも〉じゃなくて。もっと、先を展開して欲しいですよね。先生と生徒。生徒の親っていう関係じゃなくて、こいつたちが後援会をつくった時にね、その後援会の会員と全部交流を持つとかね」

師範が言いたいのは、これからの道場運営者は師範としてふんぞり返っているとか、ただ空手を教えて月謝をもらうという関係性だけを通していたのでは、全く発展性がなく、せいぜい現状維持か、いつかは衰退するというのである。

そのあたりは師範自身も企業家なので、経済を含めて、組織の運営についてははっきりと見えているのだと思う。

空手道場にはその性質上、様々な職種の人たちが集まってくる。自営業もいれば会社員もいるし、経営者もいれば公務員もいる。主婦も学生も子供もお年寄りもありとあらゆる人々が門下生として、あるいは保護者として、かかわりをもっている。そこで例えば柊太君や統河君が、道場を運営するにあたって、積極的にアプローチをすれば、よき理解者、協力者となり、ひいては自分自身の社会経験にもつながり、人間としての成長にもつながるというのである。

「社会経験を積むというのは一般論だし、そういう考えもあるでしょう。社会に出ていろんな経験をしていると言うんだけど、でも、例えば建築関係の会社に勤めたら、建築関係の仕事しか知らないわけだし、私たちはふだんの仕事をしてるだけでは、車をセールスする苦労は知らないわけですよ。屋台のラーメン屋の苦労も知らないわけですよ。私の視野が広がったのは空手からですから。

どれだけの業種の人がいるか、それだけの人と話をしてきたか。そういう方々の話をいろいろ聞いたり、時にはその世界に飛び込みますよ。あとは保護者から子供のことで相談されたりとか、トラブルがあったりとか、いろんな人と話をして、いろんな考えの人がいるんだと。これを、柊太たちにやれたらいいというんです」

これはまあ眼からウロコという感じであった。確かに我々は自分の携わっている業種の世界のことはわかってはいるのだが、それだけのことであって、他の業種について何も知らない。どんな苦労があるのか、どんな喜びがあるのかも知らない。わかったようなつもりになっているだけで、実は、世の中のことを殆どわかっていないのである。だが空手道場のように多種多様な人間たちのかかわりの中から学ぶべきことというのは、相当幅も奥行きもあることなのだというのだ。

ただそれは、師範も言っているように、彼らが一つの道場に齧り付いて、何十人の門下生に教えることで満足するようだったら、結局は世間知らずのままで終わってしまうだろう。そうならないために、これから師範が教育をしていくというのである。

そして繰り返しにはなるかもしれないが、師範のこうした考え方が説得力を持つのは、それが本から得た知識ではなく、己の経験から生まれた、人間が生きてゆく上での実践的な知恵、信念ということなのである。

それにしても、高校一年や二年で絶対的な自分の夢が持てるということは、羨ましい限りである。今の時代は大学生ですら、将来像を持たないというか、あまり明確でない者が多いし、持っていても漠然とした者が多い。

もっとつきつめて言うならば、例えば我々の映像の業界では、監督になりたいとか脚本家になりたいとか口では言う若者は確かにいるにはいるのであるが、それだけの努力をしているのかといえば甚だ怪しい。柊太君や統河君や新君は生きる上での指針を持っている。それは門馬師範の姿だ。師範の生き様そのものが、彼らが生きる上での確かな羅針盤となり、このまま努力を怠らなければ、間違いなく理想とする先生になれるはずなのである。

その根っこにある信念、空手を通して得た確固たる武道精神はゆるぎのないものであり、道場指導者に限らず、映画監督でも脚本家でも社長でも職人でも、そうした信念を持たないものは、何をやっても長続きせず、結局、お金や地位や世渡りばかりに気を取られて、自分を見失ったまま老いてゆくのだろう。

幸運にも新君、統河君、柊太君は生涯をかけて夢中になれるものを若くして見つけたのだ。空手だけでなく、門馬道場という場所を見つけたのだ。

言い替えればもともとはお父さんやお母さんの協力、支えがあってのことだろうし、それを思うとつくづく親というもののあり方、子に対する責任の重さを痛感してしまう。

昨今は十代の若者らの残忍な事件などが取りざたされているが、もし彼らが子供の頃に門馬道場に入門し、稽古を続けていたならば、絶対に非行には走らなかっただろう。新君たちに接し、彼らの物腰にふれ、一心不乱に稽古をしている姿を見た時、私はそれを確信した。そして彼らが、師範が望む理想の指導者に若くしてなった時、周りに与えるよい影響というものが、計り知れないのではないかと思うのである。

第七章　ささえあう

この道場のために何かやりたいと思ったんです

門馬道場を語る上で欠かせないのが門下生の保護者の存在である。門下生の七割が子供なので、大会や合宿運営など、必然的に保護者たちの協力が不可欠となる。

という以前に、福島という広い土地柄もあるのだが、車は必需品であり、当然子供たちの道場の送り迎えは保護者の役割となるので、自然とそういうかかわりになってゆくのである。

だが、そのかかわり方は、ふつうの習い事とは明らかに違っている。積極的に子供をサポートし、自ら進んで道場運営に協力をする保護者の皆さんというのは、百パーセント、門馬師範の大ファンというところから出発している。師範を尊敬するからこそ多用な日常の中でも時間をつくり、門馬道場のために協力を惜しまないのである。

前章で、子供を「育てていただいている」という親御さんの気持ちを書いたが、子供の空手を通して、師範や指導員たちとふれあううちに、自然とそういう思いが強くなってゆく。それはことさらに師範が教示するとかそういったことではなく、日頃師範が何気なく発した言葉や、空手を続けている中で何か困難が生じた時に、師範の行動とか、道場の的確な対処というものが胸をうち、そう思わせてしまうのである。

これまでに書いた子供たちに対する師範の励ましの言葉や行動からわかっていただけたと思うが、苦しい気持ちを救い取るというか、厳しい稽古に耐えている子供たちへの思いやりに満ちている。親がその想いに直接ふれた時、門馬道場のために何かしたいと思うのは必然のことだろう。

西條秀虎君の両親、秀明さんと洋子さんは〝あきらめない心〟についてこう語ってくれた。

「大会に行って、車で何時間もかけて、前泊とかしたら費用が何万円かかって、一回戦で一分半で終わりましたなんてことになって、親の方も落ち込むんですけど。それで夫婦でしゃべっている時に、〝あきらめない心〟っていうのは親に対しても言える言葉だなって」

そういった意味では、親としても頑張らなければならないと思い、門馬師範の精神に支えられているというのである。ちなみにこの秀明さんはまだ師

保護者たちとの交流会にて

範と面識がない頃、師範が来るので門下生と保護者も起立をするようにと大会場で言われて、(何様のつもりだ、俺は立たねえよ)と思ったという。

　だが、その秀明さんも今では毎年門馬師範への誕生日のプレゼントを何にするか、洋子さんと考えるのが楽しみになっているほど、門馬師範の大ファンとなっていて、師範への感謝の想いは強い。

　秀明さんの気持ちを劇的に変えたのは、やはり、秀虎君自身が門馬師範や指導員たちの指導、教えによって成長してゆく嘘偽りのない姿を、その眼で見てきたからである。〝あきらめない心〟の恩恵を、我が子を通して直にふれたからこそ、師範の印象が劇的に変わったのだといえよう。

門馬師範へのバースデーケーキ

ところで、門下生を八百人も抱えるような大所帯になると、保護者同士のトラブルも当然起きてくる。

角田樹唯君の両親、正人さんと美裕樹さんは、自分の通う道場の保護者会の会長になった時に、頑張ろうという気持ちが色々と空回りしてしまったことがあった。他の保護者とすれ違ってしまい、うまくつきあえない状態が続き悩んだ末、一度は門馬道場をやめて他の空手道場に移ることまで考えたのだという。

「その時に保護者会の方たちがすぐ飛んで来てくれたんですよ。ほんとにすぐ。相談にのってもらって、〈他の道場で空手をするのは意味がないんだよ〉って言われて、〈門馬だからいいんだよ〉って」

「その時師範から言っていただいたのは、〈親も仲間だから〉って。門馬道場の子供たちだけが仲間なんじゃなくて、私たち（両親）も同じ仲間だから何かあったら、必ず助けてあげるからって言われて、一生ここにいて、手伝えることは手伝おうと思ったんです」

かかわる人間が多くなれば、トラブルが起きるのは仕方のないことである。だがその時に、子供の親としてではなく、子供と同様に仲間だという意識で対処する。いくら門下生の数が多くても、門馬道場では、その一人一人が大切な仲間であり、仲間が困難に直面しているとなれば、何が何でも助けるのが当然だというのである。

保護者会の方々が角田夫妻のもとにすぐに駆けつけてきたのも、門馬師範の〝親も子も仲間だ〟という意識が浸透しているからであろう。八百人もいれば師範や指導員たちの眼もなかなか行き届かない時もあるが、こうして保護者間のサポートがあって道場運営は成り立つものなのである。

道場とのかかわりの中で、親御さんが一番熱くなるのは、やはり大会での応援だろう。それも自分の子供だけの応援をするのではない。同じ道場で頑張っている子供たちすべてに声を嗄らして応援するのだ。白河道場門下生のお母さん、芝澤裕子さんは言う。

「審判の方にも言われますね、〈こわいよ白河のお母さんたち〉って。自分の子供以外でも、大きい声で、声が嗄れるほど、応援するっていうのは滅多にないことだと思うんですよねえ。誰それが勝ち進んだっていうと、みんなも一斉にこっちに移動して、だからみんな、ズボンの膝は結構すり減ってしまって。ひざまずいて応援するんで。大会終わった後は保護者も汗だくになってますね」

確かにそうだなと思う。運動会でも個人競技で、自分の子供以外を応援することはよほど親しくない限りやらないだろう。だが門馬道場では、道場それぞれでつらい稽古に耐えてみんなが頑張ってきたと親御さんはわかっているので、それは特別にすることでもなく、自然に声が出て応援するのである。

門下生の橋本泰知君のお父さん、泰久さんは重量挙げの選手でもあり、門馬道場でもウェイト・トレーニングを指南している方だが、その泰久さんも師範の〝あきらめない心〟に惹かれた一人である。

「師範は口では〈あきらめることなんていっぱいあるよ〉とかっておっしゃるんですけ

ど、でもやっぱり、そう言ってるのに、ずっと長くやってるのがすごいなって思いますね。ふつうだったら、あきらめちゃって終わりなんですけど、そういうところも見習って、出会えたのは偶然じゃなくて、必然だなと私は思ってるんで、会うべくして会えたんだってそれはすごい大事にしたいなって思ってるんです。だから出来ることはちっちゃいんですけど、何か力になりたいなって、なぜか自然と思っちゃうですね」

やはり師範の率先垂範というところが、出会った人にそういう思いにさせてしまうのだろう。

石井新君のお父さん、純さんは、門馬師範に惚れ込み、門馬道場の保護者会を立ち上げた人である。

「〝あきらめない心〟っていうフレーズはビビビッときましたね。とてつもなくきましたよ。自分は続けたことが何もなかったので、スポーツも勉強もね。すべてのことにおいて。途中であきらめたらダメなんだよ。続けることが大事なんだよっていうことを師範に、こう、酒の席で懇々と言われた時に、何かね、ドスンと入ってきちゃって。だからこの道場のために何かやりたい、応援したいって思っちゃったんです。これは理屈とかそういうことじゃないんですよね。ほんとにこう、人生観変わっちゃったんですよね」

このように師範の言葉で心を動かされるだけでなく、実際に行動を起こす人は門下生だけでなく、周囲の人にまで影響を及ぼしている。しかもそれは一人や二人ではなく、何人もいるのである。

統河君のお母さん、真美子さんはたまにこれは門馬教という宗教かなって思う時があるそうである。でも、師範が言えば白でも黒、それでもいいかな、と。

柊太君のお母さん、由香里さんなども最初はそんな感じで思っていて、抵抗があったのだが、この十年の間、師範の言葉を聞き、行動を見てきて、納得いかない時は意見を言ってきて、現在はどうかと言えば、「師範、今なら壷を売ったら絶対売れますよ」と言えるのだそうである。おそるべし、門馬教である。

だがそれは、子供の成長をその眼で見てきたということが大きい。

「子供を見て、子供と頑張ってきて、子供が強くなっていると思えるので、間違いじゃなかったって。それはやっと最近になって感じたことなので、そう感じる前にやめていかれる方とかの気持ちがわからなくもないです。でも続けてみて、師範と接して良さがわかったので、今度は私が、職場であったりとか、自分の大切な人たちだったりとかに、伝えていけるのかなあって、私は門下生じゃないですけど、いい影響を受けました」と由香里さんは言う。

交流会での一コマ

由香里さんのような方がまさしく、〝子供が変われば親も変わる〟の代表例ではないだろうか。

人間というものは、二日三日でわかりあえるものでもない。反発したり、納得したり、ぶつかったりしながら、理解してゆくものなのである。その人のことを本当に理解しようと思う時、五年や十年は平気でかかってしまう。二、三日でわかったと思うのは、わかったと思い込んでいるだけなのであって、だから、わかったと思い込んだ人に裏切られた時のショックは大きいのである。本当は、人間を真に理解するということは骨の折れることであり、自分自身が謙虚な気持ちで、その人の懐に飛び込む気持ちが必要なのだ。

そしてその気持ちにさせてくれるのが、空手に一生懸命に打ち込む、子供の姿を見る時なのだろう。稽古や合宿や大会で、子供が泣いて、笑って、必死に食らいついてゆく姿を目の当たりにした時、親というものは、この子がこれだけ頑張っているのだから、私も頑張ってゆこうと思えるのである。

あきらめてしまうのは子供ではなくて、本当の子供の姿を見ていない親なのだ。いつもあきらめているのは大人であって、子供ではない。子供は好きなことであれば、空手でも勉強でも遊びでも、邪念なく、熱中する存在であり、大切なことは、大人がその姿を見て、どう感じるかだ。

だが、残念ながらというか、八百人ともなると、門馬師範と接する機会すらないという門下生とか、保護者の方もいる。中には道場に飾られた師範の写真を見て、〝鬼籍に入られた偉い人〟と思っている人もあるらしい。

入って間もない子供たちのお母さん方にインタビューすると、師範は見たことはあるがどんな人だかは知らないという方ばかりだった。だが逆に言えば、たまたま近くにあったから入ったという空手道場が門馬道場だったとすれば、こんなにラッキーなこともない。

橋本泰久さんは言う。

「できればもうちょっと師範に（本部以外の）他の道場もまわって教えに来て欲しいと思うんですが。指導員の先生方もみんないい人ばかりで教え方も的確なんですけど、そんな中でも時々師範が来て頂ければ、みんなさらに引き締まるっているか、やっぱり師範が来ると違うなと感じさせることも大切だと思うんです」

そういえば芝澤裕子さんによれば、白河道場では師範が来るというだけで、子供はガチガチになるのだそうである。それくらい道場での師範は畏れられている。いわゆる尊敬のあまりのこわさだ。気軽に何か訊くということもできないほどの遠い存在でもあるようだ。

なぜ保護者までもがこれだけ門馬道場に惹かれて、のめり込んでゆくのか。その原点は、門馬師範自身に尽きるといってもいいのかもしれないが、その感覚を、石井純さんはこう語ってくれた。

「師範に一回会って好きになって、二回会って大好きになって、三回会って忘れられない人になる」

そういえばいわき市に住む、派閥は違うが同じ極真の先生で、門馬師範よりずっと年上の渡辺進一先生が、中国のことわざを引き合いに出し、門馬師範はそういう人だと評したという。

『桃李《とうり》もの言わざれども下自ずから蹊《みち》を成す』

桃やスモモは言葉を話すことはないが、美しい花に惹かれて人々が集まり、その下には自然と道ができる――という意味であるが、言い得て妙というものである。

門馬道場をささえる人たち　1

門馬道場の事務局長で公務員の神山義久さんは、バンド活動を通して門馬師範と知り合った。今から二十年ほど前、矢吹町の中にバンド連合会というものがあり、阪神淡路大震災の時にチャリティコンサートをやるために、門馬師範を会長、神山さんを事務局の人間として一緒に活動をしたのがきっかけでつき合いが始まり、今日に至っている。もともとポジティヴだという神山さんは、門馬師範と一緒に生きていることが自信になり、今ではスーパーポジティヴになったと言って笑う。

神山さんは、門馬道場が行政側の空手のイメージを変えたと言う。

「この町の行政側としても、一番最初空手のイメージというのはそんなによろしくはなかったんですね。粗暴な連中ばかり集まっているんだろうと。不良っていうイメージで。今は空手のイメージは全然変わって、武道だから本来はスポーツ振興の中に組み込んだら空手に失礼なんですけども、その中でも、礼儀作法ができるということで、ほんとにいいものだっていう認識になってますし、門馬先生のお金儲けではない、青少年健全育成というところの活動っていうのはもう二十何年もやられていて、大きく空手のイメージは変わりました。この町にとっても、門馬道場の本部がここにあるっていうのは、すごいことだなと」

イメージが変わったのは一つには具体的に、演武会によるものが大きかったという。門馬道場の子供たちが懸命に演武を披露する姿もさることながら、その規律ただしさ、礼儀ただしさも注目されたのだった。

「ふつうちっちゃい子ってふらふらしたり、うるさくしたり、いうことききかないのが当たり前なのかもしれないですけど、門馬道場の子たちっていうのは、オンオフの切り替えをきちっとしてるんです。ふだんはもちろんふつうのお子さんですけど、指導員が声をかければちゃんとするっていう、しつけっていうよりも、自らが自発的にオンオフができて姿勢を正すっていうのを、自分でもできるようになってるっていう姿を見てもらうのはいいことだと思いますし、健やかに育つ環境というのはこの町にあるし、門馬道場の子たちと知り合ったその他の子たちにも波及していくのがわかりますね」

と言う神山さんだが、門馬道場の子供たちが他の子供たちに影響を与えるように、神山さん自身も、仕事で疲れても、空手をやっている門馬道場の人たちとつき合っていると、彼らはもっとつらい思いをしながら頑張っているんだから、自分も頑張ろうと思えるのだという。

門馬道場をささえる人たち　2

門馬道場ではお盆を過ぎた頃に、一泊二日の選手クラスの強化合宿がある。強者の指導員、佐藤明浩さんをして、「死んじゃうんじゃないかと思うんですけど」と言わしめる山ごもりである。

その合宿で料理づくりを十六年もの間、一手に引き受けてきたのが後援会会津地区の会長、目黒守司さんである。第三章でも紹介したが、まさに門馬師範愛に満ち、奥様と吉田拓郎と酒をこよなく愛する方である。

門馬師範をはじめ、二十人くらいの門下生たちの料理を一人で賄うのだが、多彩なメニューの工夫は当然のこと、男性女性それぞれの好みを考えた料理や、冷えたビールでお腹をこわさないようにと温かい料理を用意するなど、猛稽古で疲れているだろうと女性門下生の手伝いを断り、たった一人で切り盛りするのである。

「皆さんからの反応があって、私もやりがいがある。でも最近はネタ切れだな」と目黒さんは笑う。

前にも書いたが、目黒さんは、門馬師範愛が高じてその合宿施設を買い取ってしまった人だ。自分が亡くなっても門馬道場に施設を提供し、世話をするようにと子供たちに伝えてあるというから筋金入りである。

「門下生、子供たち、親御さん、含めて、人生丸抱えしたような、セットで、一人一人を、幼少の頃から成長していくのを見守るっていう、ふつうは親御さんがやるようなことを、彼の立場で、彼の距離だからこそ、見られる、やれるっていう、あれをね、ああやって、子供たちの面倒をみながら、ちゃんと親御さんも見て、あと親御さんと子供の関係も見て、子供が成長していくところに武道とは何であるかとちゃんと見てるじゃないですか。達観の世界っていうか何ていうか、でもカッコつけないですよ彼は」

と、目黒さんは師範のことを熱く語る。師範について語ることは他にも「いっぱいありすぎてないようなものだ」と言って笑う。

門馬師範と自分は似ているところがあると言う目黒さんだが、

「弱者に助けて下さいと言わせちゃダ

強化合宿の一コマ

メだ。こちらから手を差し延べないと」

といった言葉にもそれが見てとれる。

そういえば目黒さんは酒をこよなく愛する人で、手帳にも一週間ほど、酒、酒、酒と、書いてあるような方だが、体調を崩された際、師範から、「じゃあ今日から一年間禁酒ね」と十二月二十八日に注がれた酒をもって、見事？　翌年の十二月二十八日まで禁酒したという。もちろんその解禁日に最初の酒を注いだのも師範であった。

おそるべし、門馬師範愛である。

門馬道場をささえる人たち　3

連合後援会の会長、関根照夫さんは企業家であり、門馬道場立ち上げの頃に会長職を引き受けた方である。師範とは青少年健全育成という精神、人間教育をするためには指導者が大事だという考え方、門馬道場の理念に賛同して陰で支えている。

関根さんは門馬師範が急ピッチで県内各地に道場をつくり出した頃、その行動力を見て、空手家としても経済人としても実行力があるなと見ていた。白河市や須賀川市は本部のテリトリーなのでまだよかったが、福島市や郡山市にはライバル道場があり、これはえらいこっちゃという感じであったという。

それをサポートするために、福島道場や郡山道場の、地元に顔のきく人間が必要だということで、関根さんの人脈でそれぞれ後援会長を置こうとした。知らない人間より知っている人間の方が連携が取りやすいという配慮だった。

「誰が門馬道場を応援してるんだと。それって無言のプレッシャーを与えることが大事なんだよね。ナオちゃん（菜穂子さん）が切り込み隊長で行って、門馬が行ったたって、〈この若造が、女が〉って、嫌がらせしやすいでしょ。そこに土地土地で顔きくのが道案内でいれば、多少やりやすくなるだろうって」

関根さんは最初あまりに急ピッチに門馬師範が道場をつくるので、もっと足もとを固めろと反対したこともあったが、組織を大きくする時は一時期無茶でもやらないと、情熱というものは齢とともに冷めることもあるから、最終的には共鳴したのだという。

ところが関根さんから頼まれた人の多くの知り合いが、ライバル道場の門下生であったりするなど、何で門馬道場なんだと言われるということで最初は断られた。だが、門馬道場に見学に行かせると、一発で「これはいいなあ」ということで承諾してもらったというのだった。

「ナオちゃんが教えて、ちっちゃいヨチヨチ歩きみたいな子供がやってるのを見て感動しちゃって。三十分も見てるうちに、〈俺でいいのかい〉って訊くから〈あんたしかいねえんだから〉って。稽古を見せないことにはダメですよ。見れば感動しますよ。断る人はいない」

百聞は一見に如かずというが、まさにそういうことなのだろう。私自身もそうだったが、門馬道場の合宿やふだんの稽古を見るまでは、空手は空手だろうとわかったようなつもりになっていたが、生で見てみるとその躍動感に圧倒され、子供たちの一生懸命さに眼を奪われてしまう。

稽古そのものが門馬道場の理念の実践なのだから、これほど人の心を動かす、説得力を持つものは他にはないのであり、そのことを関根さんは自身の経験からもちゃんとわかっていたのである。

門馬道場をささえる人たち　4

後援会矢吹地区の会長、仁井田一さんは、門馬師範とは同郷で、二十五年ほど前、仕事関係の忘年会の席で顔を合わせたのが最初だった。第一印象は態度が生意気と思ったそうだが、しゃべると好青年で度々酒を酌み交わすようになったという。

白河で道場をつくりたいというので、市内を一生懸命に探したのだが、なかなかいい場所が見つからなかった。空き家はあったのだが、周辺には規制があり、稽古を夜九時過ぎまですることは不可能だった。

どうするかということで、結局仁井田さんの所有する敷地を提供し、道場を建てたのだった。

「つくってオープンしたはいいけど、門下生はほんとに集まるのかなあって思ってたんですけど、指導者が皆さん立派で、岩崎菜穂子さんがベースで頑張って、その後佐藤奈美子さんが入って、女性の方、子供さん、結構入門されて。ずっと見てて思うのはこの二人がまず頑張ってっから、門馬道場もね、あるのかなあって思いますね」

仁井田さんは若い頃、ヤンチャだった。学生時代は応援団で極真ではないが空手もやり、信用金庫勤務を経て、今は独立して会社経営をされている。その経歴からも、何となく師範とは同じ嗅覚、シンパシーを感じるところがあったのではないだろうか。

実際、ロータリークラブの運営などで、門馬師範に講演の依頼をしたり、地域の人々のために行動をともにして、様々な相談にのったりもしている。

仁井田さんはお酒が大好きな上に商売柄酒の席が多く、糖尿病になって飲めなくなってしまった。門馬師範も酒の席が多いので、自分と同じようにならないようにと、身体の心配をされる。

「嫌いじゃないから飲むでしょ？　彼も酒殺して飲んでるから、酔わないんですよ。私もそうだったんですけど、人前では酔ったところを見せないね。必ず身体にきますからね。門馬道場で忘年会やってね、二次会三次会つき合うと、朝ですからね」

門馬師範よりも十ほど上だが、仁井田さんは兄貴分のような気持ちで、門馬道場を見守っているのである。

門馬道場をささえる人たち　5

後援会白河地区の会長、鈴木俊雄さんも企業家であり、門馬師範とはもともと仕事上のつき合いがあった。

地域開発の一環として〝メガステージ〟という名称の大型ショッピングモールをつくろ

うとした時、法律の改正によって、大型店を認可する代わりに社会貢献や地域貢献をしないということになり、門馬師範が空手をやっているのを知っていたので、チャレンジカップの大会を〝メガステージプレゼンツ〟として後援するようになったのがきっかけだった。ちょうど師範が独立して門馬道場を起こすタイミングでもあり、互いが助かったという状況であった。

「最初の動機は不純だったかもしれないね」と笑いながら、鈴木さんは門馬道場の子供たちの稽古や大会を見たり、門馬師範と接するうちに、武道教育としての極真空手に惹かれていったのだった。

「そこからつき合いが始まって、小さな子供たちがね、一生懸命空手を習い、身体をぶつけ合って、ほんとに人の痛みをわかるような、一番はそこですよね。体罰すら騒動になる社会になって、私たちだったら子供の頃ケンカしながら、人の痛みがわかって経験してきたので、そういうのを小さいうちから、一生懸命練習して、しかも相手を傷つけないようにしながらなお且つ、試合をしていくっていうね、あれを見て、小さな子供たちが頑張ってる姿を見たら、応援せざるを得ないですよね。やっているうちにだんだん門馬君がやっていることに対しての理解、支援の深まりっていうのはあったと思います」

子供たちの姿を見て胸をうたれる。関根さんの場合も、他の会長さんたちもそうだった。今まで極真空手の、いや、空手の〝か〟の字も知らないような、しかも甘いも酸いもわかっている、地位にある人たちが、揃いも揃って子供たちの姿を見て感動している。そして、自分たちも何か協力をしなくてはと思い、実際に行動を起こしている。

それはやはり、子供たちが全身全霊をかけて、稽古に打ち込んでいるという姿そのものが、まごうことなき真実であるからだ。

子供たちが他者の痛みを知り、思いやりの心を持つことを考えれば、門馬道場の地域における役割は大きいと鈴木さんは話す。

また、門馬師範の考え方には全面的に賛同し、どんどん師範にのめり込んでいったという。

「門馬君はね、熱血漢タイプではないんですよ。淡々としてますよ。でも、きちっとものを見てるし、そういう思いもちゃんと持ってるし、それをその時々に応じて言葉を発してるし。彼がすごいのはふつうは、こういうのをやってると、世間的には熱血先生みたいになっちゃって、自分の思いだけが空回りする人って結構多いんですけど、そうでなくて、淡々としていながら、しっかりとした情熱を持ってるっていう感じはうけてますね。性格がいいのかな。もともと持ってる人間的な資質というのかな。性格のよさがあると思うんです」

門馬道場と同じく、自立自存の精神を持つ中小企業同友会にも人脈が次々にできて、後援会が立ち上がっていったのも、門馬師範自身の人柄のよさゆえだろうと、鈴木さんは言う。

経済界とのつき合いではあるが、門馬師範の志す武道教育、徳育の実践に共感して、お飾りではなく真の地域貢献ができるということで、鈴木さんをはじめとする経済人の方々は門馬道場に協力をするのである。

常に自分を二番目に置いて、世のため人のためにに尽くす奉仕の心、世界から尊敬される『武道精神』を持つことを、鈴木さんは日本人が本来のアイデンティティであり、美質であるという。そして、ともにつらい稽古を続ける門馬道場の門下生たちは、この美質に共鳴し、目標とすることで、だからこそ頑張れるのだというのである。日本人としてのアイデンティティを、己の心身を鍛え上げることで、自分自身のアイデンティティとなってゆくのを実感するのだと。

そして鈴木さんは、日本人としてのアイデンティティを確立することは、誰にとってみても課題だと言い、ゆとり教育から端を発した今の社会において、ひきこもりや薬物依存や理解できない犯罪に走る子供たちはある意味被害者だという。

「空手とかね、何らかの形でぶつかって、アイデンティティを確立した人はいいですけど、それをできなかった、ぶつからなかった、出会わなかった人たちっていうのは、まさに、漂流する若者ですよね。そういう部分では門馬道場の子供たちにとっては、役に立っていると思います」

鈴木さんの言葉は苦渋に満ちている。だがその一方で、極真空手、門馬道場と出会えて、厳しい稽古に耐えている子供たちが、自分が何者であり、何をなすべきかという、自己を確立し、将来において、地域や社会に貢献してゆくことに期待を寄せるのである。

門馬道場は女性でまわっている

『地球は女で回っている』というアメリカ映画があった。監督は奇才、ウディ・アレンであるが、内容はともかく、このタイトルには感服する。

日本では女性は大和撫子などと呼ばれたりして、慎ましいのがよいとされてきたが、とんでもない話である。江戸の頃、武家の女性はともかく、市井に生きるおかみさんなどは自由自在、完全に主導権を握って男をコントロールしていたのである。

だから、どこぞの古い政治家のように、女は家を守れだの、男が食わせてやっているだのという考え方はナンセンスである。男は女に働かされる宿命にあって、それで命をすりへらして先に死んでゆく、アリンコのような存在なのだ。

いや、そんな話を書くのではなかった。

門馬道場においても、女性の指導員、門下生、保護者の役割はとても大きく、彼女たちなくしては、いかに門馬師範がデキる人だとはいえ、今日の門馬道場があったかどうかはさだかではない。

とりわけ、あらためて紹介すると、NPO極真カラテ門馬道場の職員でもある岩崎（山名）菜穂子さんと佐藤奈美子さんについては、関係者の誰もが認めるエースといったところか。

「菜穂子さん、奈美子さんがやめるって言ったら、門馬道場の屋台骨が崩れるんじゃないですかね」と言われた方があった。

師範が専任でない以上、二人が辞めれば門馬道場は危機に陥ることを危惧されているのだが、それは理論としては全く正しい反面、現実的には、このお二方は、突発的なアクシデントでもない限り、絶対に門馬道場を離れることはないのである。

そのお二人のことを、少し書いてみたいと思う。

「岩崎さん（菜穂子さん）は私の数倍、気持ちが強いです。ものすごく気持ちが強いです」と強調するのは太田さんである。「全日本大会とか、立ってるのもやっとなのに、決勝戦まで勝ち上がったり。とにかく意見をしっかり持ってるんで、私なんかは流されることがあるんですけど、菜穂子さんは流されないです

左から、門馬師範、岩崎（山名）菜穂子さん、佐藤奈美子さん

ね。師範の話を聞いた後にも私はこう思いますと言うんです」全日本入賞者の上段蹴りを食らっても闘い続けた太田さんが言うのだから、相当気持ちが強いのだろう。

実は、私は門馬師範と出会う以前に、菜穂子さんと出会っていた。とはいえ、それは菜穂子さんの型の映像を見たということであるけれども。

もう十年近く前になるだろうか。私が構成で参加した極真空手の教則用ＤＶＤ作品の中で、型を披露する女性が菜穂子さんだったのである。

衝撃的だった。彼女の型は、映像というフィルターを通しているにもかかわらず、そのフィルターを突き破り、まるで今まさに眼の前で繰り広げられているかのような錯覚に陥るほど、生生とした躍動感に満ちていた。おそらくは全身全霊の気魄、そのリアリズム、本物であることがそうさせたのだろう。何より、人間は美しいものであるという、絶対的肯定の世界を見せつけられたようで、思わず見入ってしまった。

そして、もう一人、菜穂子さんの型の虜になった人がいる。指導員で夫の山名さんである。ユーチューブの映像で初めて見て、極真の中にもこんなすごい型のできる人がいるのかと思って驚いたのだという。もともと熊本で極真空手をやっていたのだが、就職のために上京した時は、仕事に専念するために休んでいた。そんな時に菜穂子さんの型の動画を見て、また必ずやろうと決めたのだという。

やがて東京城西支部で再び極真空手を始めて、自分でクラスをまかされて、菜穂子さんのブログにコメントで相談するようになり、分裂のゴタゴタに巻き込まれた際に、直接メールで相談してやりとりをするまでになった。その後震災をきっかけに急速に距離が縮まり、結婚ということになったのである。

私や山名さんが魅了された、菜穂子さんの型について、師範は、

「ナオちゃんは型に人生かけてるからね。この型の表現が、私の人生すべてだと思ってる子と、型がただ好きで一生懸命頑張って稽古してる子とは雲泥の差だね」と言って、珍しく本人の前でほめたことがあった。

菜穂子さんによれば、型で世界チャンピオンになれたのも師範のおかげなのだという。菜穂子さんの入門当時の門馬道場は、まだ型に力を入れていない頃で、型の何たるかを学ぼうと、門馬師範が全国津々浦々の他流派の道場にまで出かけて行って、頭を下げて型の理論を学び、菜穂子さんに伝えてくれたのだった。師範にそこまでしてもらっていなかったら、自分もここまでになっていなかった

2006年、ワールドカップ in オーストラリアにて

かもしれないと菜穂子さんは言った。

ただ、逆にそのことが師範にとっても型の奥深さを知るきっかけになり、門馬道場の型のレベルを全体的に底上げできることにもなったのだった。

菜穂子さんの人となりは、これまでにもふれてきたが、不器用ゆえの真面目さ、勤勉さ、粘り強さ、虚勢がなく、ていねいで、そして部外の、誰に対してでも同じ態度で接する。小柄な方なのだが、それを感じさせない雰囲気がある。努力の人だ。そして、師範に対して唯一、疑問を口にできる人だ。

そんな人だから周囲の信頼も厚いのだが、門馬師範も期待するだけに、時には厳しい言葉をぶつけたりもする。取材中、私と師範と菜穂子さんと三人で夕飯を食べた時に、そういった局面があり、菜穂子さんは泣いていて、私は師範が鬼のように思えた。だが、帰る車中では、運転する菜穂子さんを気遣い、「気をつけて帰れよ」と師範は何度も言っていた。

なぜ師範が指導員に対して総じてほめないで、厳しいのかといえば、空手だけでなく、どんなことにおいても平均以上に頑張って、人の信用信頼を勝ち得なければ、真の指導者とはいえないという親心からなのである。

「人の三倍稽古して、単純に世界チャンピオンになったということだけじゃないんです。一事が万事で、世の中の人みんなが彼女みたいな気づきをしたら、素晴らしい国になるんじゃないかという世界ですね」と菜穂子さんを評して言ったのは前出の目黒さんである。

全くその通りだと思う。

この本を書くにあたっても、急な要請で短期間であったにもかかわらず、菜穂子さんが人選や日程など、完璧なスケジュールを組んでくれて、予想以上に充実した取材となった。

途中、インタビューが長引いて、夕飯もはさまないまま、夜の十一時をまわるといった日があった。私はコンビニ弁当でも何でもいいのでと言ったのだが、菜穂子さんは「ダメです」と毅然と言われ、私は「ハイ」と答えるしかなかった。

当時は妊娠中で、体調もすぐれないというのに、私を車に乗せると、深夜も営業している食堂に連れて行き、私が食べている間もいろいろな話をしてもらった。その礼節というか、相手を重んじる姿勢というか、会うたびに頭が下がり、感動するのである。

「空手をやることで、自分の夢が全部かなえられた」

と、菜穂子さんは話す。

空手によって、芸能人のように人に影響力を持つ人間になりたいというのもかなえられたし、先生になりたいという夢もかなえられたし、結婚もできて子供まで授かった。夫となった山名さんは、福島の地に来てくれて、菜穂子さんは門馬道場に残ることができた。おまけに長らく良縁に恵まれなかった菜穂子さんのお兄さんまで、門馬道場の門下生の女性と結婚して子供も生まれたのだった。

「周りは真っ白いドレスを着ているのに、お前はどうして真っ白い道着を着ているんだ」

「トロフィーがいくつあってもお嫁には行けないよ」

などとお父さんに言われて、嘆かれたこともあった。

だがそのお父さんは、震災の時、なかなか手に入らなかった貴重なガソリンをもらってきてくれた。

「これで道場に行け」と。

すべては空手の、門馬道場のおかげだった。

菜穂子さんは将来、障がい者のクラスをつくりたいという。彼女らしい夢だと思うし、必ずかなえられると私は確信している。


「ナミちゃんはねえ、天然。天然すぎてねえ、イラッとする。彼女は不思議だと思うのは波がない。人間って感情があるからふつう波がありますよね。楽しい日もあればつらい日もある。空手を頑張ろうという日もあればやりたくない日もあるでしょ。あいつはずーっと一緒。この十三年、十四年、ずーっと一緒。目立とうと表には出て来ない。淡々としてる。あそこまで感情が表に出て来ないのも珍しい。子供たちに接する態度も常に一緒。俺達に対する態度も常に一緒。稽古に取り組むのも常に一緒。俺にはできないことだからすごいなと思う」門馬師範は佐藤奈美子さんを評してこう言った。

確かに不思議な人である。一対一になると言葉が殆ど出て来なくなるのだが、私が別の人にインタビューしていると、横からしゃべり出すという感じなのだ。性格は菜穂子さんと全然違っていても、根っこのタフさは同じである。

高卒後に一度は大手メーカーに就職するも、同じことを繰り返す日々に嫌気がさし、一転して保育士を目指し、学費を稼ぐために、会社に行って、空手の稽古をして、それからファミレスでバイトをして、三時四時に寝るという生活を続けた。その頃の生活に比べれば、厳しい稽古にも耐えられるのだという。

話していて思ったのは、師範の言う通り、稽古でも試合でもあまり変わらない感覚だということだった。稽古をやるのがつらいのではなくて、盆とか正月とかに休む方が、身体を戻さなければならないのでつらいのだという。

職員になった当初、毎日あまりに帰りが遅いので、家の人はてっきり何かの宗教団体に入ったのだと思ったそうだ。空手を装った宗教団体ではないのかと。まあ、その気持ちはわからないでもないし、門馬教と言われればその通りかもしれないが。

奈美子さんもまた、菜穂子さんと同じく不器用なタイプの人である。私と同じ方向音痴なのだが、市街地ならいざ知らず、あの広い福島の一本か二本しかないような道をどうして間違えるのか……でも、素朴でいい人である。ホッとなる人だ。

細かい作業が苦手だというが、それはそうだろう。だから、おそらく門馬道場の細々と

奈美子さんの型の演技

した雑務には向いていないと思う。まあ師範からすれば、それでは困るということなのだが。

　型も素晴らしいが、組手も強い。今年（二〇一五年）の第五回全日本極真空手道「型」選手権で優勝し、第六回東日本極真空手道選手権大会でも組手で優勝している。稽古中も後ろから見ていると、一番きれいに高く足が上がっている。

「師範もそうですけど、私たちみんなも頑張っている人間が好きなんだと思います。頑張っていない人を見るとどうしてだろうみたいな。もっと頑張ればいいのにとか思って……道場生で集中していないのはわかりますから注意しますね。でも、最初は来たくなかったような子が、稽古が終わると来てよかったみたいになると、シメシメみたいな」とニコリとする奈美子さん

　ふだんは淡々というよりおっとりした感じだが、当然のことながら、稽古に入るとバリバリとなる。言葉よりも先に動く方が楽しいといった感じだ。

　そういえば門下生、大住柊太君のお母さん、由香里さんがこんな話をしてくれた。

「師範は頑張ってる人が好きで、落ちてきたら拾い上げてくれるんだけど、ナミちゃんみたいに、常に変わりなく頑張ってる方ってかわいそうなんですよね。私たちから見てて。ほめられることもなく、〈オラ奈美子ー〉って引っ張ってもらうこともなく、真っ直ぐきてるじゃないですか。ナミちゃんみたいな人がうちの道場にいるので、スポンジ役になってすごくいいんじゃないのかなあって私はずーっと見てきて思うんです。かわいいなあって。組織的にはイラッとくるところもあるんでしょうけど、私たちにはクッションになっ

てるんじゃないでしょうか」

そんな奈美子さんも師範に叱られて自己否定されるのがつらいと言う。しばらくは落ち込むのだと言うが、私に比べたら周りの人はもっと落ち込んでいるかもしれないと話してくれた。

また、師範はいかにも愉快だというようにこうも語る。

「稽古で子供たちが元気ない時に、〈お前らなって、何でそういう力の抜き方するんだ〉って俺たちなら言うんだけど、ナミちゃんは、〈気合いを入れてェ……気合いを入れてッ……気合いを入れて！〉って言うだけなんだ。他に何か言えよおめえっていう。面白いですよ見てると。まあ波のないところが彼女の持ち味でしょうねえ」

奈美子さんらしいエピソードである。

また由香里さんはこんな話もしてくれた。

「誰かいい人紹介してあげようかって言うと、〝師範みたいな人がいい〟って言うんですよ」

なあーんや、結局そうなるのかいな、と思ってしまう。

菜穂子さんと奈美子さんは門馬道場を支える存在であり、実力があって人柄もいいとなれば門下生や保護者たちの信頼も厚く、慕われている。そこに空手に向かう姿勢、礼儀作法には人一倍厳しい指導員の鈴木昭弘さんが職員として加わって、バランスがとれているのだと思う。

他にも前出の指導員、古川亜弥女さんも準職員として加わり、持ち前のフットワークで、門下生の数を順調に増やしているし、今回取材はできなかったが、指導員には鈴木順子さんもいる。

あと女性では、前出の指導員、加藤久美子さんがいるが、第四章で書いたように、看護師という職分と空手の指導員としての両立が難しく、何度もその悩みを口にされていた。

「周りに迷惑がかかっちゃうから、それも嫌だし……情けないですよお……情けないし、申し訳ないし……いやあでも黒帯締めてるんだからやんなきゃ、って思うんですけど……でも門馬道場ってそういう人（両立している人）がいっぱいいるからなあ……プレッシャーになっちゃうんですよ……（考え過ぎてるのでは？）でもそれだけお世話になっているから思うんじゃないかなあ」

もちろん彼女が指導に入れないことを誰も責めたりはしない。だが周りの指導員たちが黙々とこなしていればいるほど、久美子さんにとっては焦りが出てくるのだろう。ただ、一方では遠い将来の夢として、こんな風にも語ってくれた。

「自分で道場を持つのが夢です。仕事をやめないで、両立する形でやりたい。それをあきらめようとは思わないです……でも仕事をやめてでも、道場に貢献したいという気持ちはチラッとはあります」

これも空手に対する愛着、門馬道場に対する愛着があるからだろう。しかもそれは並の気持ちではなくて、やはり一生を捧げたいほどの気持ちなのである。

また久美子さんはこうも言って笑う。

「師範がいなかったらやめちゃうんじゃないですか。師範がいてこその門馬道場なんで。空手よりも師範が好きですね。他の人では考えられない。師範がいるから結婚できないんでしょうね」

まあ結局は門馬師範に行き着くのかと思った。ここまでくると、師範に対する門下生ののろけみたいで、ちょっと聞き飽きてきた印象である。

第八章　震災をめぐって

あきらめない心で地域貢献しないとな

二〇一一年三月十一日午後二時四十六分。東日本大震災が発生した。

震災が起きた時、事務局長の神山さんは検査のために病院の中にいた。会計をすませている時に揺れがきた。あまりに大きく長い揺れに、「何だこれは」と思い、身の危険を感じた。その際、傍で腰をぬかしたようになって動けなくなったおばあさんがいたので、一緒に表に連れて出たのだが、外に出ても立っていられない状態だった。晴れていたはずの空が俄に曇り、そのうち猛吹雪になったという。

公務員でもある神山さんはその後、二晩徹夜し、交通整理や避難所の設営、食事や水の供給にあたった。そのうち原発事故が起き、被爆するかもしれないとわかるが、とにかく人のために働かなくてはならないと、自分の家や家族のことは二の次にして、異常な興奮状態、緊張にさらされながらも同僚と協力し合いながら何とか乗り越えた。

「何とか乗り切ったんですけど、ただ、あれをもう一度あじわったら耐えられないと思いますね」と神山さんは言った。

門馬師範は会社で被災した。震災があってまず思ったのは、これで仕事が滞ってしまったらどうしようという不安だった。社長としては当然のことであろう。それから、原発が爆発して、どのタイミングで福島から出て行かなくてはならないだろうかということも考えた。

二日後に矢吹町の本部道場を見に行ったが、中は天井から蛍光灯がぶら下がり、ウエイトトレーニングの器具は倒れ、道場の神棚も壊れ、壁にはヒビが入り、あたりはガラスの破片だらけで手がつけられない状態だった。師範はひと目見て「ウワァー」という感じで、そのまま引き返したという。

震災後四、五日たち、何とか電話が通じるようになって、体育館で避難している門下生のお母さん、真美子さんや由香里さんら門下生の家族らが寒くて夜眠れないと聞いて、本部道場なら石油ストーブがあるからと、道場を開放して住まわせるために、近くの指導員や保護者たちの手を借りてみんなと一緒に道場を片づけた。

その頃、コンビニなどには全く食料

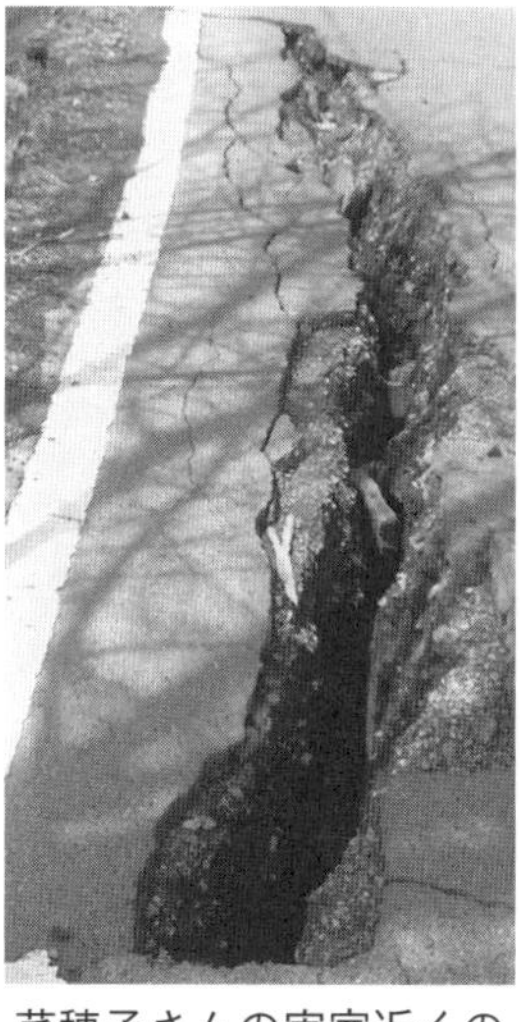

菜穂子さんの実家近くのアスファルト

菜穂子さんの震災当時の実家

もなく、みんなおにぎりやパンばかり食べていた。当然、本部道場に避難してきた人たちも支給されたパンしか食べていなかった。

震災当初、避難所によっては、一人に一個のおにぎりさえも行き渡らないという状況だった。食料を求めて、被災した町をさまよう人さえあった。

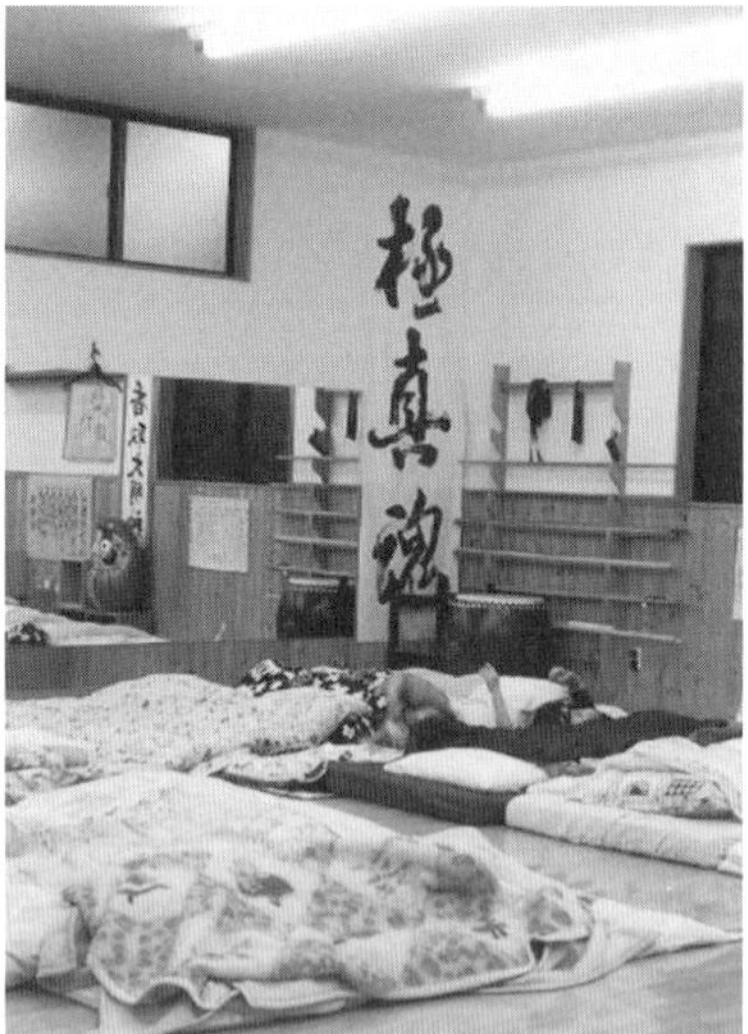

避難所となった矢吹道場

ひもじいなどという言葉が死語になろうかというこの現代の日本で、実際に起きてしまったのである。おにぎり一個ですら分け合う状況では、温い飲み物や食べ物など欲しても、無理だと思うのがふつうだった。

だがそんな中にあって門馬師範は、〈よし、たまには温かいものでもみんなで食べよう〉と思い立った。そして師範の自宅に買い置きしていたカレーのルーがあったので、師範の奥さんが自宅の庭でカレーライスをつくり出したのである。

だがそこで師範はふと、「全部つくっちゃうの?」と訊いた。「俺ら食う分あっかなあ」と。その時は師範の家も食べものが不足していて、明日どうしようといった状態であった。「十何人分かのカレーを全部つくって持ってっちゃったら俺らの分あんの?」と。「じゃ半分だけにしようか」と奥さんが言ったのだが、師範はふと我に返った。

「そういう自分がねえ、ダメだなあ俺って。何を考えてんだろみたいな……思ってね。全部つくれって言って」

　というわけで、結局は全部つくって道場に持って行ったのだった。あたたかいカレーライスをお腹いっぱいに食べられて、喜んでくれたみんなの顔を見ながら、やっぱりよかったなあと師範は思ったという。

結局全部作ったカレーライス

「何て俺は姑息なことを考えていたんだろ」と師範は苦笑いする。

　私はそういう師範が好きである。ともすればこういう災害や事故など不測の事態となった時には、自分がいかに人のために行動したのかを尾ひれをつけて話す人が多いのだが、師範は、世間話の延長のように、情けねえなあってな感じで、ありのままを話してくれるのだ。そんなことは黙っていればわからないことなのに。

　つくづく、嘘がつけない、自分に厳しい人なんだなあと思うとともに、師範にすらそんなことを思わせるほど、緊迫したひどい状況が続いていたのである。

その一方で、門馬道場には、日頃親交のある仲間や全国各地の道場から、続々と支援物資が送られてきた。その物資を師範は自分たちだけではなく、町にも支援物資として届けた。そのことを通して、やはり日頃の行いというものが大事なんだと、神山さんは痛感したという。

「あれが自分たちのことだけしか考えていないような、取り組みを持ってる方でしたら、そういう全国的に協力してもらう、支援を頂くってこともなかったでしょうし、まして町の方にまで使って下さいなんていうご支援頂くことは、できなかったでしょう。日頃が大事だなあと、私も気をつけようと思いました」

まさに有事のための平時である。門馬師範以下、道場の日頃の研鑽、取り組みがなければ、こうした助け合い、協力にはつながらなかっただろう。やはり神山さんの言うように、人間というものは日頃の行いがすべてなのかもしれない。師範は自分

門馬道場に届けられた励ましの色紙

を姑息だと言ったが、本当にそうであれば、このように支え合う関係は生まれなかったのである。

道場に避難した人たちはその後、避難所にいないと仮設住宅に優先的に入れないというので、一週間ほどでみんなで道場をきれいにして、引き払って行ったのだった。その時点で震災後二週間ほどたっていたが、師範や菜穂子さんのもとに、門下生の子供たちから〝空手をやりたい〟といったメールが続々と来た。

「何を思ったのかね、俺とかナオちゃんとかで方々連絡とって、稽古やろうかもう一回って。水も出ないんですよまだ。汗かいても風呂に入れない、明日どうなるかもわからないし、不安の中でいる感じ。とにかく

門馬道場に届けられた救援物資

いつも家にいる感じがダメで。一番は日常を取り戻したい。ふつうの生活に早く戻りたい。昼間仕事して、夜空手やってっていう忙しい感覚を。それは俺だけかと思ったらそうじゃなくて、みんなそうだったんだな」と、師範は話す。

そして日常を取り戻すためにできる道場だけで、稽古が始まったのだった。できる人だけでいいということだったが、門下生は百パーセント近く、殆ど来たのである。みんな不安を抱えていたので、仲間同士でいろいろ話をして、それで気を紛らわすといった雰囲気だったという。

「あの不安の中で空手やってる状況じゃねえだろって言われれば、それまでだったんだろうけど、でもまあ、それが一つの活力だったんだよね」

これまで取材をしてきた指導員や門下生、親御さんもそうだが、空手は生活の一部であったり、生活を支えてくれるすべてであったり、柊太君のように、空手がなければどうやって生きていけばいいのかといった人たちばかりだった。

だから水や電気や仕事や、日々の暮らしを奪われるように、空手の稽古ができないということは、平穏な日常の生活を奪われることであり、心の支えを失うことでもあったのである。当然、早く稽古をしたいと思うのがふつうだった。

また、仲間の顔を見て、互いの無事を確かめ合い、ともに稽古をするということは、本当に心強いことであっただろう。

真美子さんは当時を涙ながらにこう振り返る。

「震災の時、電話がなかなかつながんなかったんですよ。師範とつながったとたん、〈あ、ちょっと待って下さい〉って言った時に、〈切んなよ！　絶対切んなよ！〉って。ほんと、一生懸命に……師範の会社も家もメチャクチャなのに……道場もメチャクチャだったんですよ。それを片づけて、蒲団を運んでくれて……ほんとに、忘れられない」

三月十六日に、指導員で救急救命士の太田さんは、師範からのメールを受け取っている。当時太田さんは白河地方広域市町村圏整備組合消防本部に勤務していた。原発が爆発して、予断を許さないような状態の最中でのことだった。太田さんはそのメールを大切に保存していて、そっと私に読ませてくれた。

『俺も今できることを最大限で頑張る。こんな時にこそ空手で培った奉仕の精神とあきらめない心で地域貢献しないとな』

「この時は師範もメチャクチャ大変だった時だと思うんですけど、これ見た時は心強かったですね。私には宝物で、たまに踏ん張らないといけない時に見ますね」と太田さんは言う。

私は果報者である

やがて、四月の末にあった静岡県大石道場主催の東日本大会に門馬道場は参加するのだった。エントリーの人数は六十名だったが、震災の影響でどうしても出場できない二名を除いて、五十八名が出場したのだという。保護者や関係者を含めて、総勢一五〇人ほどで静岡までバスで大移動したのである。

向かう途中、〝福島の車は出入り禁止〟の立て札がコンビニやスタンドにあったり、土産物売り場で「福島には土産物は送れません」と言われるなど、何となくつめたい感じで、静岡の大会に行っても歓迎されないのではないかという雰囲気になった。

ところが、静岡の大会場に着くと、大石道場の保護者の皆さんが出迎えてくれて、握手とかハグをしてくれたのである。

とりわけ門馬師範が強く胸をうたれ、感動したのは、大石師範との再会だった。大石師範からは震災後、励ましの電話や義援金をもらっていたので、門馬師範は会場に入ると真っ先に大石師範のもとに挨拶をしに行った。

「大石師範、今回は何から何までありがとうございました」と言って、門馬師範は大石師範と握手を交わしたのだが、なぜだか大石師範は何も話さない。

どうしたんだろうと、門馬師範は戸惑い、大石師範を見ると、その眼が真っ赤になっていて、大粒の涙がポロポロとこぼれたのだった。

大石師範は話さなかったのではなく、感極まって話せなかったのだ。あまりのむごい惨状にもかかわらず、その最中に大会に参加した門馬師範や門馬道場の門下生たちの気持ちを思うと、かける言葉もなかったのである。

（私ごときにここまで心配して頂いて……ありがたい）と思い、門馬師範も泣けてきて仕方がない。二人は黙って泣いて、流れる涙を拭いながら、十分間ほどその場に立ち尽くしていたという。

やがて大石師範がようやく言葉を発した。

「よく来たね」

その言葉がすべてだった。

人間の心が本当にわかり合え通じ合う時というのは、喜びの時ではなく、深い悲しみを分かち合う時だ。そこには利害や打算、上下関係もなく、生身の人間同士の本当の姿がある。そしてそれは、武道によって培われた、美しき精神でもあるのである。

「うれしかったね、あの時は……」門馬師範は言葉を噛み締めるように言った。同時に、生前の、小野寺師範の言葉を思い出したという。

「大石師範は素晴らしい空手家だ。俺は先輩とずっと極真の道を歩きたい。もちろんお前（門馬師範）も一緒だ」


また、かねてより交流のあった極真会館長谷川道場（本部は徳島）の長谷川一幸師範（最高師範）からも、震災後何度も励ましの電話や義援金や物資をもらい、お見舞いのために矢吹町まで足を運んでもらったという。

その際、放射能の影響を心配した門馬師範が、「大丈夫ですか?」と問うと、長谷川師範は笑い飛ばしてこう言った。

「ワシにはそんなもん関係ないわ」

かつて〝小さな巨人〟と呼ばれ、身長一六五センチと小柄ながら、極真空手を習い始めてわずか三年足らずで全日本大会優勝を為し遂げた人である。大石師範同様、門馬師範の立場とすれば、一昔前なら口もきけないような人が、わざわざ見舞いに来て、門下生たちに稽古までつけてくれたのである。

長谷川師範と大石師範という大空手家の温情にふれ、門馬師範は今も二人を師と仰いでいるが、その時の気持ちを門馬師範はブログでこう書いている。

「本当にありがたくて、ありがたくて……私はやはり果報者である」

長谷川最高師範と

日常を取り戻すことの大切さ

大石道場主催の東日本大会に参加した時のことを、指導員の佐藤明浩さんは鮮明に憶えている。

「あん時は気合いが入りましたね。冗談かと思ってたんですけど、行く途中、福島から来たというんでジロジロ見られることがあるんですね。もう風評被害もひどかったじゃないですか。絶対負けねえぞ俺らって。あれが一番、思い出に残っかなあ。あんなに一致団結したっていうのはないですね。我々選手も絶対勝ってくるぞって。それでみんな結果残せたことがうれしかったですね。すごかったですよ。あっちこっちの会場の決勝戦はみんなうちの道場、感動しましたね。門馬道場は負けてねえぞって、そんなのがあったんで。今も団結はしてますけど、一つの目標に向かってあんな一致団結したことはなかったですね。がむしゃらでした。あの時の結束力は尋常じゃなかったですね。気力ですよね気力。闘志満々でした」話すうちに、佐藤さんの口調が自然と熱くなってゆく。

ここに、門馬道場の真髄がある。日頃の厳しい稽古を分かち合い、試合の健闘を讃え合い、痛み、苦しみ、つらさを共有してきた者だけが味わえる感動だろう。

学校や職場で、協力し合って、一致団結して何かをやろうといった時、いったいどれだけの人がそれを真摯に受け止めて行動を起こすのか。表向きは「わかりました」と言うだろうが、内心は〝そんなのできっこねえよ〟とか、〝俺は俺のやり方でやるよ〟などと思って、実際はバラバラだということがおうおうにしてあるのではないだろうか。

だが門馬道場では、常日頃から、思いを一つにして稽古に励む彼らにしてみれば、有事の時に力を結集し、団結するのは当然のことなのである。それは自分よりもまず他者を思いやり、守ろうとする意識でもある。

そしてその源は、門馬師範の教えによるところが大きい。

「まあ、でもそこで大活躍もしたし、あんな大変な時期に静岡まで行ったってことで、何かこうみんなの気持ちが前向きになりましたね。俺もビックリしましたもん。まあ行ける人だけで行こうかっつって。稽古もやろうか大会も出ようみたいなね。おそらく、何言ってんだこの人って思ってた人がいっぱいいたかもしれないけどね。ほんとに日常を取り戻すということは大事だと思いましたね。ああいう災害時というのはね。

結果的によかったですね。きれいに片づいた道場を見て、稽古やろうと思ったんですよ、何となく。ふと思ったんです。稽古できんじゃねえのって。（門下生の家族らが）避難して来なかったらたぶんずっとそのままだったでしょうね。みんなが住むって言ったから、それが一つのきっかけだったですね」

地震と津波によって東北の町は壊滅的な状態になり、原発の爆発によって人々が逃げ惑っていた。そんな時に、道場が生かされて、きれいになり、日常を取り戻した。道場は、門下生にとって、稽古をする場であり、心身を鍛え、支えてくれる場であり、何より、師と弟子たちがともに汗を流し、想いを一つにする場だった。

師範が稽古をしようと思ったのは、武道家としての必然だった。門下生が集まってきて、稽古をして、大会に挑んだのも、見事な成績をおさめたのも必然だった。なぜならそれが、彼らにとっての、かけがえのない日常であったからだ。つまり、彼らの、門馬道場の日々の自己鍛錬というものは、黙々と、平穏なる日常を守る行為でもあったのである。

この程度なんだなこの人たちは

「ほんとにどうなるかわかんなかったもんなあ、あの頃は」と、原発事故が発生した頃のことを、門馬師範は思い返して言う。

当時、有力な情報を持った様々な関係者が師範のもとに電話をかけてきて、一様に皆、逃げた方がいいと勧められたのだという。師範はただ、「ありがとう。俺は大丈夫だから」とだけ答えた。

「相当の方達が逃げましたよね。見事に逃げました」と師範。

ある大きな病院の医者が全部逃げたり、別の大きな病院では看護師が半分くらい逃げた。

「人の上に立ってる人間がね、社長とか院長先生とか空手の師範とか。そういう人間の資質ってのがね、ほんと問われましたよね。校長先生が逃げちゃったりとかさ。そんなのふつうにありましたもん。えー、じゃ学校の先生や生徒の安否確認ってどうすんのって。どうなんですかね、そういうのはね。そういう人間はね、上に立つ資格がないよね。

逆に言えばこっちも分別できたんだよね。ほんとに心から心配してくれた人と、口だけ心配してくれた人と。五年も十年も二十年もつき合ってきてね。この程度なんだなこの人たちはってあるよね」

師範は時おり、呆れたような笑いを交えて、そう語ってくれた。

危機的状況に陥れば陥るほど、人間の本質が見えるものである。特に人の上に立つ者というのは、いかに面倒をみている人間を助けるかが第一の仕事とならなければならない。それによって町が救われ、国が救われるといえる。時には我が身を犠牲にしなければならないこともあるだろう。それができない人間は、地位や名前が欲しいだけのお飾りだと言われても仕方がない。

誰かを守らなければならない立場にある医師や学校の先生が逃げるということは、セウォル号の船長と同じで、人の命を見殺しにするということだ。そんな人間に、まともな医療や正しい教育ができるとは到底思えないのである。

その当時の、師範の苦しんでいる姿を、白河後援会会長の鈴木俊雄さんはよく憶えている。

「東日本大震災のことと、原発事故により放射能汚染の問題の中で、相当彼も悩んで、苦しんでいましたね。小さな子供を持ってるお母さん方が苦しんでるんだっていう、それをどう乗り越えていかなくちゃいけないかという、彼にとっても試練だったかもしれないですね。お母さん方みんなが動揺してましたから。それを守っていかなくちゃなんないんだっていう、このまま子供たちを福島という土地に置いてていいんだろうかっていう、使命感みたいなもんですね」

その年の忘年会の時、師範が悩み、みんなが動揺している時に、「もし何かあったら全部俺が責任とってやっから、みんな心配しなさんな」と、鈴木さんは言ったという。もちろん何の根拠もないことだったが、それほど深刻な状態が続いたのだった。

みんなが寄り添い、不安や悩みを分かち合い、支え合うしか術はなかった。だが、これだけははっきりしているのは、もし放射能に追われて、師範が福島の地を離れて行くとしても、それは、自分の家族や門下生やその家族すべてが福島を離れたのを確認し、最後に自宅と会社と道場の鍵を閉めてから、後を追うだろうということだ。

それは人の上に立つ人間、リーダーとしての、当たり前の行動だ。だが、この日本の中で、いったいどれくらいのリーダーがそれをできるのだろうか。

極真の精神は「相手に背を向けるな」だと、太田さんから教えてもらった。相手が人間であってもこわいのに、それが自然災害や原発ともなれば、本来であれば逃げるしかないのだが、極真空手に生きる者は、たとえ相手が誰であろうと、それが国家であろうが災害であろうが、正義を貫くためには、背を向けて逃げないという気概が必要なのである。

そのために、つらい稽古に耐え、おそろしい試合に挑む。生涯、挑戦し続けなければならない。だから、大災害であっても、自分の力を尽くして、力の弱い者を救わなければならない。

冒頭に書いた師範の言葉は、そのあらわれだ。震災発生後、五日目（三月十六日）のブログに書かれた言葉である。ここまで拙著を読んでもらった方々であれば、その言葉が上っ面の、きれいごとではないことがわかってもらえるだろう。絶対に自分との約束、他者との約束を守る師範の口から、極限状態の中で発せられた言葉が、人々の胸に響かないわけがない。実際、被災もしていない私自身が、励まされたのだ。

もう地震なんて全然怖くない。
今度揺れたら、
俺が地べたに寝そべって抑えてやる。
原発なんてまったく怖くない。
全部爆発したら、
俺が放射能を全部吸ってやる。
だから門馬道場のみんな、
元気を出そう。

あの時、〝ともに頑張ろう〟とか、〝手をつなごう〟とか〝絆〟とか、いろいろとスローガンが出てきたが、何の意味があったのだろうかと思う。確かに、少しは気持ちが安らぐ人がいたかもしれない。少しは頑張ろうと思った人がいたかもしれない。だがそれらのスローガンが本当に意味のある言葉になるためには、平時の時から、そういった言葉をかけあい、信用信頼の関係性でなければいけない。その場その場で言ったって、それはきれいごとにすぎないのである。

地域のために

門馬道場では、日頃から、地域との結びつきを大切にしている。幼稚園や小学校での武道教室、イベントでの演武会の参加、師範による武道教育の講演、学校に出向いての子供たちのケガの予防の指導、空手を通しての健康や護身術の普及など、様々な取り組みをしている。

すべての地域の人々に影響を与えるというのは無理だとは思うが、その中の、幾人かの人はこう思うだろう。

空手は身体の強さを求めるだけのものではなく、心の強さ、優しさ、思いやり、礼儀を育むものだと。

講演中の門馬師範

また幾人かの人はこう思うだろう。
私もそうなりたい、そうでありたいと。
さらに幾人かの人は、実際に、身近なところで、善い行いをするだろう。
その積み重ねが地域にとって、重要なのだと思う。

私が数年前に町内会長をやった時（順番が回ってきただけのことではあるが）、防災についての取り組みについて、大きな疑問がわいた。京都にもこの数十年の間に大地震がくる確率が高いというので、防災会議や防災訓練については、熱心に取り組んでいるのだが、一番大事だとされる、地震が発生した時の、隣近所への声かけ、安否確認というものが、本当にできるかという疑問であった。

助かった者が、他の者を助けるというのは当然のことにも感じるが、それはやはり、日頃のコミュニケーション、信頼があっての話だ。だが今は、家族の中ですらコミュニケーションが危ういというのに、隣近所にそれを求めるには困難な時代となってしまった。人と顔を合わせないでも仕事や買い物ができ、声を使わなくても会話ができる時代である。人と人とのふれあいが希薄になるのも当然のこの時代に、ただスローガンだけで災害時の助け合いをしろと言っても到底無理である。

私がその昔、行政の依頼で教育映画の脚本を書いていた頃、被差別部落、同和地区の差別問題を扱う作品を多く手がけた。取材を重ね、調べれば調べるほど、自分の出身地だけで差別されるという、世界的にも類を見ない理不尽な、卑劣な差別であると感じた。

何百年たっても、解決されない現状に、私は部落解放同盟の方に訊いたことがある。

「その根本原因は何でしょう」と。

するとその方は即座にこう答えた。

「人間不信です」

互いが信じられないから差別は消えないというのは、全くその通りであり、これは行政の制度によっていくら改善しようと思っても無理な話だ。それは人間の心の問題だ。モノやお金では絶対に解決できないのである。それだけに根深いのだ。

あからさまに無知や偏見で陰口をたたく人もあれば、口では差別はいけませんと言いながら、本音は違う人もいる。

その当時、行政サイドから言われたのは、〝気づき〟でいい、ということだった。つまり、差別は悪いことなんだと、観る人に気づかせてくれればいいというのである。それが、教育映画の限界であった。私は内心、こんなことをやっても、観た人は明日になれば忘れるだろうと思い、むなしくなるばかりだった。具体的に行動に結びつかなくては、意味がなかった。なぜなら部落差別というものが、人の命さえ奪いかねない、重大な問題を孕んだ差別だったからである。

人が人を信じられないということは、そういうことだ。日頃信じ合っていれば、その人が危機に見舞われていたら、絶対に助けようとするだろう。そこに結びつかなければ、スローガンも会議もクズのようなものだ。

だからこそ、私は、門馬道場のあり方、取り組みに期待する。空手を通しての地域貢献を日頃から行い、百人の参加者がいればその中の二人か三人であっても、何か人のためにしなくてはいけないと行動を起こす人がいたとすれば、信じ合う気持ちが芽生えるだろう。その輪がさらに広がっていけば、たとえ町が災害によって危機に瀕しても、助かるべき命が助かるだろう。災害時における、門馬道場の取り組み一つを見ても、そのことがわかる。

師範の言葉が門下生に響き、一刻も早く日常を取り戻そうと、行動を起こさせたのは、師範とともに汗を流す、日頃の稽古や試合があったからだ。これは空手、武道という枠組みを飛び越えて、あらゆる人々にも通じる精神ではないかと、つくづく考えさせられるのである。

最終章　あきらめない心

〝あきらめない心〟とは、いったい何だろう。

それは、文字にも形にもできないものだと思う。だから、申し訳ないような気もするが、いくら考えても私の拙い文章で表現するには限界があるのである。

門馬智幸という、生身の武道家の身と心を通さないと、門馬道場を己の肌で感じないと、本当の意味での理解はできないものだと思う。

門馬師範を特別に大きく言うつもりもない。それどころか、特別な人間ではないと思う。自分の理想、夢に向かって、黙々と突き進んでいる一空手家、武道家にすぎないと思う。だが、その特別でない師範に、私は魅力を感じている。それどころか、師範のように生きなくてはならないような気持ちになっている。師範が出来過ぎるのではなく、私がやらないだけの話だったのだ。本当に特別な存在であるとすれば、何かをやろうなどという気持ちにすらならないだろう。

私が今からイチロー選手そのもの

2004年に足の指を骨折しながらも、
全日本大会で準優勝した門馬師範

になるのは不可能だ。しかし、イチロー選手のような思考になり、人生を前向きにとらえて、行動することは可能だ。

タイムが遅いから、負けてばかりだから、数字が悪いから、仕事が遅いからという相対論的価値観だけで人間の価値がはかられるのなら、この世の中で生きている九割以上の人たちが生きてゆく価値がないということになる。人間の価値というものを相対ではなく、絶対でとらえれば、〝その人でなければできないこと〟になるはずだ。だがそれは、日常をのんべんだらりんと生きているのではなしに、仕事でもスポーツでも武道でも、何か一つのことに命をはって、必死に頑張って生きているということが前提だ。

その人が本気で頑張っていれば、必ず他の人間にもいい影響を与えるということを、私は門馬道場に教えてもらった。

ただ断っておくと、ここで言う〝頑張る〟というのは、ギリギリまで頑張った上に、無理をするということではない。自分を甘やかさないということだ。一生懸命な人を嘲笑わないということだ。謙虚に自分を知るということだ。そうすれば何かに頑張れるのではないだろうか。

人間には頑張らないといけないタイミングがあると師範は話す。それは、自分がうまくいかないで落ち込んだ時だという。

「敬弥（第五章参照）なんかもそうでしたよね。ここぞっていう時にしか声をかけなかったからね。あいつは何年もやってるんですよ。ずーっと低空飛行してますから。じゃその時に言えばよかったのかといえばそうじゃない。空手が嫌いだし、敬弥には敬弥の人生があったわけだから。そん時にやらせればいいってわけじゃない。何もない時に県大会に出ろっていったって、〈え？　何で俺が？〉ってなるでしょ。〈無理ス、やめます〉ってなるよね。機に敏にならないとね」

自分が落ち込んだ時にこそ頑張るというのは、師範自身の体験からそうしなければ向上していかないとわかっているからである。だが、自分がダメだと思っているタイミングで、一人だけではなかなか頑張れるものではない。

「自信を持つっていうのは、俺もやったらできたっていうのが自信であって。あいつに頼んで完璧にやってもらったというのが信頼じゃないですか。それを体験して欲しいんですよ。俺がダメだ、俺は空手なんかやってたって無理だ。俺は実際自分は弱い人間だと思ってんだからみんな。でも頑張ったらできるんですよと。みんな敬弥みたいになれるんですよ。頑張ったら僕でもできたんだ。こんな私でも、やれたっていう、それが自信じゃないですか。その延長で信頼とか信用とかついてくるんですよね。自信のないやつに誰も信用も信頼もしないですから。自信を持っているように見えても、自分の弱さは自分が一番よく知ってる。弱さを知ってる人間が努力するんです。うちの道場では、みんなが助け合う環境があるから、努力しようっていう考え方になるんです」

ということになると、〝あきらめない心〟というのは、何も一人きりでつらい思いを抱えて挑戦するということだけではなしに、師匠の支え、仲間の支え、協力があって、初めて成り立つのではないか。

敬弥君も自衛隊の入隊というタイミングで師範から県大会の出場を命じられ、心が折れそうになりながらも、お母さんや弟の柊太君の献身的な支え、協力があって見事な闘いを繰り広げたのである。

門馬師範の祖父、栄さんは戦前、矢吹町に開拓民として入植し、先の戦争では前線で戦い、戦後は農業と植木屋をやって家族を養った。師範にとって、栄さんは、逆らえないおそろしい存在だった。師範が子供の頃友だちとキャッチボールをしていて、庭にボールが入って師範が取りに行った際、誤って植木をポキポキと折った時には、「この野郎ッ」と下駄を持って追いかけられたという。

だが、一方で栄さんは武道が大好きで、門馬師範が空手を始めた時はすごく喜んでくれたという。しかも、師範の持っていた空手バカ一代の漫画単行本全二十九巻も全部読破するほど、極真空手の大ファンであった。

門馬師範が飛田道場に通っていた高校時代、あまりの稽古のつらさに、さぼって家に早く帰って来ることがあった。

そんな時、祖父、栄さんがこう言うのだ。

「今日は空手ねえの？」

そんな栄さんに師範は仕方なく稽古のきつさを訴えると、「何言ってんだ、ちょっと来い」と言って、自分の隠居部屋まで連れて行かれ、そこで始まるのは戦争の話だった。

栄さんは先の戦争にとられて、中国の最前線で兵士として戦った経験もあったのである。

当時の写真などを師範に見せながら、突然空襲が来て泥の中に顔を埋めて隠れたとか、崖をのぼって逃げている途中で、撃たれて落ちてゆく戦友たちを見たとか、自分の戦争体験を話して、どんな思いで生き延びたかを語って聞かせたという。そして栄さんは言うのだ。

「空手の組手で倒されるくらいで、お前命とられるわけじゃねえべ」と。

眼の前で人の生き死にを見た栄さんにとって、それ以上の恐怖、つらさがあるかというのである。死ぬことを思えば何だって耐えられるだろうと。もちろん師範には返す言葉もない。

栄さんは何度も死に直面しただろう。だがそのたびに、死んではいけない、生き延びなければと、奮い立ったに違いない。それは究極の、落ち込んだ時の頑張りであり、〝あきらめない心〟なのではないだろうか。あきらめたら死ぬのだ。だから絶対にあきらめない。

その精神を門馬師範は、多感な青春期に教えられた。

作家の住井すゑさんは、日本国憲法は〝嘘をつかない〟の一条で足りると書いていたが、門馬流に書くとすれば、人生は、〝あきらめない〟のたった六文字で足りる。あきらめなければいいのである。あきらめなければ、何とかなるはずだ。あきらめないで何ともならないとすれば、頑張り、努力が足りないということだ。そして、あきらめないという約束は自分自身に対してするものだ。自分自身との約束を守れない者は、人との約束も守れない。師範が言うところの、信用信頼のない人間になってしまうということだ。

いや、別にあきらめてもいいと思っている人はあきらめるだろう。頑張らなくてもいいと思っている人は頑張らないだろう。それでいいと思う人はそれでいいと思う。師範の言ったように、あっち側とこっち側に住み分けられるだけの話だ。

だが、もしあなたの中で、くすぶっているものがあって、それが何かのきっかけで燃え上がる可能性がまだあるとするならば、師範の言う通り、あきらめないで再びやり始めればいいだけの話だ。

どうして門馬師範がここまで〝あきらめない〟ことにこだわるのかといえば、かつては自分自身が何度も〝あきらめた〟経験を持っているからだ。正確に言えば、〝あきらめかけた〟と言うべきか。ともあれ、師範自身があきらめないで極真空手を続けてきて、その恩恵を被っているから、俺ですらできるのだからと口を酸っぱくして言うのだ。

門馬師範自身のことだけではなく、頑張って這い上がって、自信をつけた門馬道場の門下生たちをその眼で見てきたから、自信をつければ信用信頼される人間になれるんだから、「あきらめんなよ」と師範は言うのである。

だが、人間は弱い。一人では生きてはゆけない。

〝あきらめない心〟とは、自分があきらめないのも当然のことだが、自分を支えてくれる人たちの〝あきらめさせたくない心〟でもあるのだ。それが一体となってこその、〝あきらめない心〟なのだと私は思う。
そして〝あきらめない心〟を持つことで、家族、学校、仕事、地域などといった場で、人々が信じ合い、助け合い、善き社会を築き上げてゆくことになると、信じて疑わないものである。

何かをあきらめ、挫折してしまった人。今まさに、夢に向かって頑張っている人。踏ん張り切れないで、苦しんでいる人。そのすべての人々に門馬師範の言葉を贈りたいと思う。

「あきらめたらそれで終わりだ」

あきらめない

エピローグ

師範稽古のある日。門馬功師範代を前に指導員や門下生たちが準備運動をしていた。そこに空手着を着た門馬師範が入って来る。一瞬にして空気が変わり、ピーンと張りつめる。

そして稽古が始まる。

門馬師範は黙っていてもその全身から威厳が漂う。

無駄のない的確な指示を飛ばし、「押忍、押忍」と弟子たちから返ってくる。

門馬師範は声を荒げることもなく、その佇まいそのままに、基本稽古、移動稽古、約束組手、技の稽古、スパーリングなど、粛々と黙々と稽古は進んでゆく。

それを見ながら、私は、やはり言葉で、文章で〝あきらめない心〟を綴ることに限界を感じていた。

ふと、門馬智幸という空手家、武道家の、嘘偽りのない肉体そのものが〝あきらめない心〟なのではないかと思う。

そして、門馬道場を担う指導員たち、門下生たちの、ひたむきに稽古をする姿そのものが、〝あきらめない心〟なのではないかと感じ、それでいい、と思った次第である。

福島での取材を終え、帰途に着く。新白河駅から新幹線に乗り、車窓を眺める。青空にちぎれた雲が浮かんでいる。いつもは雨男の私なのに、今回の八日ほどの取材ではすべて晴れていた。

インタビューを試みた、門馬道場の門下生、親御さんや関係者の方々の、柔らかな顔を思い出す。別れ際には必ずかわす、力強い、門馬師範の握手を思い出す。そのあたたかさに心が落ち着く。

この仕事に入る前は、人に疲れて、かかわるのも嫌になっていたのに、取材を終えてみると、人と出会い、話をするのはいいなあと思う自分がいた。

短期間で三十人もの人々のインタビューを終え、身体はヘトヘトに疲れ切っているのに、心地よかった。

門馬師範の言葉の一つ一つを反すうし、京都に着く頃には、何だか私までが、人のために何かをしなくてはおられないような、そんな気持ちになっていたのである。


末筆とはなったが、以下の方々に謝意を表したい。

この本を書くことをすすめて下さった映画プロデューサー小黒司氏。粘り強く原稿を待って下さった近代消防社社長、三井栄志氏、そして取材に協力して頂いた門馬師範を始めとする門馬道場関係者のみなさん。本当にありがとうございました。


押忍。

了

《著者略歴》

松下　隆一（まつした　りゅういち）
脚本家。
1964年生まれ。兵庫県出身。京都市在住。
松竹KYOTO映画塾シナリオ科卒（第一期生）。
社団法人シナリオ作家協会会員
受賞歴　第10回日本シナリオ大賞佳作入選。
映　画　『獄に咲く花』『氷川丸ものがたり』『二人ノ世界』
他
TVドラマ　『推理作家池加代子』『天才脚本家梶原金八』他
出　版　ノンフィクション『北神けいろうの挑戦』

あきらめない
—大震災から立ち上がる、門馬道場の武道教育に学ぶ—

平成二十七年十二月十一日　第一刷発行

著　者—**松下　隆一**　©二〇一五
発行者—三井　栄志
発行所—**近代消防社**
〒一〇五—〇〇〇一
東京都港区虎ノ門二ノ九ノ十六
（日本消防会館内）
TEL　〇三—三五九三—一四〇一
FAX　〇三—三五九三—一四二〇
URL=http://www.ff-inc.co.jp
E-mail=kinshou@ff-inc.co.jp
振替=〇〇一八〇—五—一一一八五
印刷—長野印刷商工
製本—ダンクセキ

ISBN978-4-421-00874-6 C1037　定価はカバーに表示してあります。